事成于人 人成于学
河大人在美国

孙彤 ◎ 主编

河南大学出版社
HENAN UNIVERSITY PRESS
·郑州·

图书在版编目(CIP)数据

事成于人　人成于学:河大人在美国/孙彤主编.
—郑州:河南大学出版社,2022.9
ISBN 978-7-5649-5335-5

Ⅰ.①事… Ⅱ.①孙… Ⅲ.①河南大学-校友-事迹-美国 Ⅳ.①K837.120

中国版本图书馆 CIP 数据核字(2022)第 175357 号

责任编辑　马　博　时二凤
责任校对　肖凤英
封面设计　李晓辉

出　版	河南大学出版社
	地址:郑州市郑东新区商务外环中华大厦 2401 号
	邮编:450046
	电话:0371-86059701(营销部)
	0371-22860116(人文社科分公司)
	网址:hupress.henu.edu.cn
排　版	金点图文设计有限公司
印　刷	郑州印之星印务有限公司
版　次	2022 年 9 月第 1 版
开　本	787 mm×1092 mm　1/16
字　数	171 千字
印　次	2022 年 9 月第 1 次印刷
印　张	13.5
定　价	59.80 元

版权所有·侵权必究

(本书如有印装质量问题,请与河南大学出版社营销部联系调换)

序一：源远者流必长　根深者叶必茂

1912年是中华民国元年。这一年的4月27日，刚刚在开封创刊17天的民办日报《大中民报》刊登了一则《欧美留学预备科将办》的消息："河南向少留学西洋学生，民国成立，培植人才最为要图，现在省城学界诸人拟发起一欧美留学预备科，专为留学欧美之预备，不久即可组织就绪矣。"两天后的29日，《大中民报》头版刊登了《筹备留学欧美预备学校公启》，其中有云："事成于人，人成于学，平日之学不足以陶冶人才，而欲有人焉，足以遗大投艰，无不世之伟勋，造自由之真福，盖亦难矣。夫当今之世，普通之识人人宜有，而其担当大事，则非有世界知识及专门知识，必不能胜任而有功。"发起人是林维镐、林伯襄等9人。公启一出，各方云应。经河南省都督张镇芳提议，河南省临时议会议决，正式决定在开封原河南贡院旧址建立一所主学外语，以派遣赴欧美留学生为主的预备学校。8月，林伯襄被推举为预备学校的校长正式上任，着手筹建、招生诸事。8月25日，在开封创刊不足3个月的《自由报》刊登了《河南提学司招考留学欧美预科学生广告》，广告中对校名、校址、班次、毕业年限、报考资格、收费、报名日期、报名处等都交代得特别明确，其中校名为河南留学欧美预科学校，报名日期为9月4日至9月20日。广告发布后大约1个月，学校又正式定名为河南留学欧美预备学校。招收的第一届英文科140名学生于9月25日正式开学。就这样,中国近代史上与清华学堂、南洋公学并称为三大留学基地的河南留学欧美预备学校在古城开封正式诞生了。

根据河南大学校史的记载,预备学校自1912年9月开办,到1923年3月改为中州大学,历时12年,共招收学生7届10班,计662人,分为英文、德文、法文三科;毕业5届7班,计286人。1923年在其基础上扩建为中州大学,1927年改建为国立第五中山大学,1930年首次命名为河南大学,1942年改为国立河南大学,1948年设立中原大学,1952年更名为河南师范学院,后历经开封师范学院、河南师范大学,1984年恢复河南大学校名。

追根溯源,河南大学即将踏入110周年的岁月,其间九易其名,变化的是名字,不变的是文脉,是传承。如从文化积淀层面进一步追溯就会发现,这块土地的"文化厚度"远远超乎想象。

1000多年前,后周在这里建立了全国最高教育机构——国子监。北宋建国后,这里又建造了全国最高学府——太学。公元977年,宋太宗在开宝寺(今河南大学铁塔公园内)举行"闻喜宴",皇帝亲自接见新科进士,这是一次全国精英阶层的高端聚会。从元朝开始在此设立贡院,成为举子会试的场所。1902—1904年,河南贡院又连续举办了两届河南、顺天乡试和两届全国会试,随后,1200余年的科举考试在这里落下了帷幕。颇具意味的是,深受欧风美雨影响的一所新式学校——河南留学欧美预备学校从这里生根发芽。这,就是河南大学的前身。

毫无疑问,河南大学是有历史的,河南大学是有文化的,而且从建校伊始的基因中就具备了世界的眼光、宏大的格局。源远者流必长,根深者叶必茂。110年的办学历程,"铁塔牌"学子遍布世界各地,成为各自领域的佼佼者,他们为河大的历史、文化、格局添加了一笔笔浓墨重彩。

2010年10月,在美国工作的河大学子自发组织成立了河南大学美国校友会,成员有数百人,作为海外河大学子与母校联系的桥梁,向河南大学百年校庆进献了一份厚礼。如今10多年过去了,2022年9月河大迎来了110年华诞。河南大学美国校友会又发起"大河西流,人成于学"征文活动,追忆他们曾经的河大岁月,分享他们与母校千丝万缕、割舍不断的深情。追忆里,有青葱岁月,有似水年华,也有艰难困苦与颠沛流离。合而读之,这就是一部鲜活的河南大学校史、一部细微的近现代教育史。字里行间,那些仿佛离我们已经遥远的岁月,在河大一砖一瓦、一草一木的注目诠释中,一切都那么历历在目,栩栩如生。大自然是会"留声"的,南大门,东城墙,大礼堂,东西斋房,一块石子,一粒尘埃……把他们来来往往的身影映放了一遍又一遍。

有首歌唱得好:"走过千山,我历经多少风霜,才能够回到你的身边。等待的容颜是否依然没有改变,迎接我一身仆仆风尘。"不管曾经喜欢与否,河大已然定格为我们每一个河大学子生命中不能割舍的一部分;不管身在何处,河大永远是我们曾经生活了几年的真实的家,永远是游子们魂牵梦绕的精神的园。

110年了,她变了吗?没有。她初心未改,依然是曾经的模样,贡院城墙雕刻了时光,铁塔的风铃还是那么漫不经心地响。110年了,她没变吗?一直在变。从旧时代到新时期,从分到合,绵绵用力,久久为功,而今迈步从头越,从"省部共建",到"双一流",她一直没有停下踔厉奋发、勇毅前进的步伐。我曾在一首歌词中这样写道:"谁与贡院青砖缠绵薪火相传三世纪,谁与铁塔风铃相伴书声琅琅一千年?"到底是谁呢？是历代的仁人先贤，是一届又一届的莘莘学子，是曾经在这里润泽、磨炼、耕耘过的每一个人。

千年的历史积淀，百年的风雨磨砺，不计其数的河大学子添砖加瓦，我们相信：河大不仅是有历史的，有文化的，有格局的，也一定会有更加绚烂的美好未来。

正如这次征文启事中所言——"无论是大河东去，奔流汇海洋，还是大河西流，浪沙淘砾金，走过东与西，依然河大人"，河大是我们的交集，这是我们共同的心声。欢迎在外的学子常回家看看。

王立群

2022 年 4 月

序二：昔日今日永远的河大人

2022年3月，一场全球性瘟疫硝烟弥散，春寒料峭之中，第五届美国校友会如期宣告成立，一大批身在海外的曾经的河大学子汇聚在一起，自愿义务担当起美国校友与母校之间的联通工作。随即网络召开的第一次理事会议上，一致通过了庆祝母校110周年诞辰的特别献礼——跨越东西征文，畅谈母校与自己的渊源，汇报各自取得的成绩，给时刻关注游子的母校交上一份答卷。我受本届校友会贾新峰会长委托，负责征文的搜集整理工作，于是我书写了题为"大河西流，人成于学"的征文倡议书，河大校友总会也予以大力支持，通过"铁塔风铃"公众号重磅推出。

"无论是大河东去，奔流汇海洋，还是大河西流，浪沙淘砾金，走过东与西，依然河大人。"征文启事一经发布，即引起海内外校友的共鸣。舞台已经搭建完成，只等着登台的校友们。守着舞台的我忐忑不安，生怕灯光不够流光溢彩，生怕台子不够美轮美奂。

资深校友刘一林发来了第一篇征文《我在历史系的日子》。刘一林曾经是母校20世纪80年代留学美国的校友，我至今还记得他在《开封日报》上发表的连载文字，讲述他留学美国的亲身经历，其人其事可谓是奇人奇事，给许多读者包括年幼的我打开了了解世界的一扇窗。他给征文书写的回忆文字洋洋洒洒万言，自我修正不厌其烦。于是，我的邮箱里有了他的一稿、二稿直至六稿，后来我得知这些字都是他在病榻上一个个点击出来的,更加为他的严谨认真而折服。范毓周校友也在百忙之中为征文挥毫书写浓墨重彩。身为名贯中西的学者,他跨越了历史考古、东西文化、书法绘画艺术界限,在不同领域均有建树。范毓周校友的《四世之缘》以历史学家的严谨叙述了他及其家族与母校的四代情缘,因其江苏校友会名誉会长的身份,该文后被校友总会文集收录。受我之邀,他又在极短的时限内飞笔另书《饮水思源,怀恩图报》一文,以饱含深情的笔墨描述了其受河南大学培育之恩和常怀图报之情,以献礼母校生日。

梁慈民校友在《忆我的恩师蔡芳川先生》一文中深情回忆起他的老师,那张黑白照片中意气风发的蔡老师却让我猛然想起他是我家邻居,我们两家曾经居住在惠济河畔的平房小院中,平和友善的蔡老师总是面带微笑,即使是面对我那样的黄毛丫头。蔡老师在学校操场高低杠上燕子一样翻飞的身影在我们眼中是神一般的存在。我的大姐还和他的女儿一起苦练过体操,历时数年之久,这些"童子功"让大姐受益匪浅。

孙连志校友《记忆中的大学旅程》如同一辆缓缓行驶的列车,带我回到旧日岁月,笔下栩栩如生的数学系赵祥林老师是他的忘年交:"老是一副笑模样,偶尔严肃时也让人感觉他还在笑着。印象里他烟不离口,手里总是提着那只不知哪个年代的黑色手提包。"此景此人,为何如此熟悉?当看到赵老师的儿子赵涛也成为孙连志校友的学生这里的时候,我又想起赵老师也曾经与我家毗邻而居,那个昔日的小赵涛曾是我的"小跟班",跟在我和妹妹身后央求带着他一起玩耍。

阅读征文,看到那一个个似曾相识的名字,脑海里浮现出一个个尘封已久的面容,打开了一件件记忆中的往事。我的老师,我的同学,我姐姐的同学的老师,我父亲的同事,我祖父的学生……征文文字像是编织开来的一张网,把我记忆中的那些人、那些事点点滴滴串联在了一起,而且越发密集。那些人、那些事,一直尘封在脑海中的库存,连持有者都以为业已丢失,征文却把它们重新激活了。

我想,这正是编辑征文回馈的奖励吧?

所获得的嘉奖不止于此。除了在文字中和校友一起缅怀过往,一起忆旧,还得以感受今天的大事件。校友翟莹不仅是上一届美国校友会会长,而且是本届校友会理事会总顾问,继续在校友会发光发热。众所周知,翟莹供职于全世界瞩目的纽约联合国总部,身为高级官员的她平日事务繁多。在她担任会长期间遇到了蔓延全球的疫情灾难,而她又是如何应对的呢?在联合国工作人员自发投稿的对于母校华诞的贺词中,我读到了翟莹校友交上的满分答卷。这个题为《百年树人,桃李芬芳 三年历练,风雨兼程——志愿者眼中的翟莹》的文章以一个亲历者、旁观者的视角讲述道:2020年疫情初始翟莹在美国率先组织募捐、采购防疫物资、协调运输;疫情在美国蔓延开来,她建立留学生守护群,不畏风险走家探户发送"健康包";2021年郑州遭遇暴雨灾难,她又义不容辞赈灾救灾筹款筹物。身为校友会会长的这一届,灾难给予翟莹严峻的考验,而她用任劳任怨的无偿奉献和夜以继日的义务工作,书写出一个大写的人:河南人,河大人。"翟莹会长在家乡在河大得到名校名师的全面培养,包括出色的素质教育,使她在80后年轻同事里脱颖而出",河南与河大于是成为他们心之所往之地,而身在海外的河大校友们真的是"天涯虽远,大爱无价;赤子之心,日月作证"。

感受到资深校友的辉煌历史,同时感受着青春校友的璀璨现实。开启李昂校友的《勿忘初心,方得始终》,初读觉得有些古怪,征文与众不同地采用了第三视角的写法,即没有"我"只有"他"在述说。为何用这种被文学称为"上帝视角"的方式来讲述自己的经历？读完文章,我知晓了李昂校友曾经的迷惘和徘徊、一直的坚守和执着,也理解了他二次攻读博士不惜"再次回炉"的自我锻造。这一切历练出了他杜克大学的金字招牌,造就了他美国高通 AI 研究中心科学家的头衔,成就了他马里兰大学年轻助理教授的职位。我在文字中找到了李昂校友第三人称写法的答案,那是因为他对于人生持"有则改之,无则加勉"的论文般的审视态度。读懂了他,我不再拒绝文体的标新立异与特立独行,遂加以保留。

如果李昂校友的征文是犀利的冷色调,那他同龄的校友刘天义的文章就是温和的暖色调。刘天义校友以《母校于我之人生给予》为题,饱含情感地书写了母校给予他的养育之情,认为母校是学习的乐土、有学术的启蒙、是爱情的起点、是精神的归宿。新近博士毕业的他动情地说:"时间越长,越让人明白,河大不只是几栋楼、几个校区。那是一个有温度的地方,一个让游子们每每想起,就感到温暖的地方。"

因为征文,我见证了文学的魅力,见证了文字的力量。无论是贾新峰校友气势磅礴的《真力弥满　万象在旁——河大,我永远的精神家园》,还是黄夔校友娓娓道来的《缅怀我的奶奶——吴雪莉先生》、常捷校友的《Briggs 教授、我与河南大学》、马平校友的《万里回眸道感恩》、王庆祥(大泽人)校友的《河大四忆》、胡世雄校友的《师恩难忘山高水长》,都从不同角度书写了和母校之间的难以割舍之情。除了"大河西流"在美国扎根生长的校友,还有短期留学西行的校友也用亲身经历诠释了"人成于学"。张占武校友的《一粒小种子》、武进锋校友的《从河大到哥大,我的留学生涯》和古崖校友的《访学散记》均以有力道的笔劲书写了来美学习生活的见闻与收获,也蕴含了对母校的款款深情。

因为征文,我见证了文字的成长。征文初始,大多数校友只是观望,为数不少者想要提笔却怕言不由衷,抒发不了对于母校的深厚之情。在校友会的鼓励之下，在我的催促之下，他们不厌其烦地几易其稿，最终书写出华美的章节。杨长法校友从起初的自以为"白开水般的流水账"成稿为悠扬婉转的《二胡声中忆求学》一文。孙国平校友理工科的笔法也发生了化学变化，成就了《河大情 河大缘》这一富有情趣的动人篇章。张力凡校友也以泉水叮咚般的清新文风，使得《"青春"这本书》得以充实。

特别是在征文截稿之际，还意外收到了享誉中华的硬笔书法家庞中华老师的专稿《河南大学把我推上书法讲坛》，从文字中得知书法大师与河大的奇妙渊源，真是意料之外的惊喜。虽然庞中华老师并非毕业于河大，但他的事业与家庭均与河大息息相关，文章所阐述的其本人的经历亦符合征文关键词"河大"与"美国"，遂加入以飨读者。

篇篇征文，款款深情，难以一一细说。其中滋味，阅读方可体会。

希望我能做一个门童，引领你走进这一间字的屋。

孙 彤

2022 年 7 月

目 录
CONTENTS

饮水思源，怀恩图报
　　范毓周/001

河大四忆
　　王庆祥（大泽人）/010

真力弥满　万象在旁——河大，我永远的精神家园
　　贾新峰/017

缅怀我的奶奶——吴雪莉先生
　　黄　冀/028

记忆中的大学旅程
　　孙连志/036

河南大学把我推上书法讲坛
　　庞中华/047

大洋隔不断的家国情怀
　　翟　莹/055

忆我的恩师蔡芳川先生
　　梁慈民/074

河大情　河大缘
　　孙国平/080

Briggs 教授、我与河南大学
　　常　捷/091

一条母性的长河
　　孙　彤/100

勿忘初心，方得始终
　　李　昂/111

一粒小种子
　　张占武/120

二胡声中忆求学
　　杨长法/127

从河大到哥大，我的留学生涯
　　武进锋/137

师恩难忘山高水长
　　胡世雄/148

母校于我之人生给予
　　刘天义/155

万里回眸道感恩
　　马　平/162

访学散记
　　古　崖/168

"青春"这本书
　　张力凡/178

我在历史系的日子
　　刘一林/183

跋/197

饮水思源,怀恩图报

范毓周

今年是母校河南大学建校110周年,响应美国校友会提议,我曾撰写《四世之缘》回忆家族亲属多位亲人前后四代深受母校河南大学培育之恩的渊源。该文被安排收入校友总会文集。近受河南大学美国校友会之邀,要我另写一文,以便收入美国校友会所编文集。谨就我受河南大学培育之恩和常怀图报之情略述与之相关的一些行迹与感受作为祝贺母校建校110周年的献礼。

我受河南大学的影响始于幼小时期。

新中国成立之初我4岁半左右,由于父母很忙,送幼儿园年龄太小,即被送到离家很近的开封龙亭东侧已废弃的道观无梁庙内的私塾,这个地方现在好像是开封市道教协会所在地。塾师是一位新旧社会转型期从农村到城市谋生的旧知识分子苏峻亭,他教的内容是《三字经》。这是一个从十几岁大的孩子到当时最小的我的混合班,在这里我和这些年龄不等的师兄共同接受中国传统旧式启蒙教育,经历了从"读望天书"到认读《三字经》文字的过程。

不到1年后,还未等到老师"讲义",父母便觉得这种教育太落后,孩子年龄参差不齐,小孩子容易受大孩子影响学坏,就把我送到了北门大街"河南省立第一小学"的幼儿园。到了幼儿园,我觉得天地为之一变。同班同学大多都是河南大学教职工的孩子,加之学校离河南大学很近,放学后我便常常和小伙伴们一起到河南大学玩耍。看到巍峨的大礼堂和东西斋房林立、七号楼、贡院旧考场房舍错落,感到这里是与周围街道、民舍全然不同的高深殿堂,和私塾、小学相比是完全不可同日而语的神圣境界。当时姨妈在河南大学校医院做医生,她的女儿徐宇昕和我同岁,幼儿园又在同班,有时我们也一起到校医院看姨妈,更感到这是一个与外面完全不同的世界。

随着渐渐长大,到升入小学后,对河南大学有了更多的认识。母亲告诉我,外公16岁在这所学校初创时就以优异成绩被录取为第一届学生,后来还曾在这所大学任教授,"你也要以外公为榜样,好好读书,将来像外公一样到这所大学接受教育"。这时,在我幼小的心灵里,忽然萌发了以后到河大读书的愿望。可以说,到河南大学接受教育是我努力学习的一种无形动力。

范毓周之外公翟承烈(1912年河南留学欧美预备学校首届学生)

河南大学后来经过院系调整,改为开封师范学院。我的六年中学教育是在当时的开封师范学院附属中学完成的。学校的老师绝大多数都是开封师范学院毕业的优秀人才,有时还有临时调到附属中学任职的开封师范学院的老师。例如何法周老师就曾调到附属中学任教导主任,我上高中时的班主任也是由政教系调来教我们政治的讲师,可以说我所受的中学教育是开封师范学院教育体系的延伸。

父亲在北京大学学习时住在跨车胡同,与齐白石所住隔一个门。他年轻时喜爱画画,曾在齐白石门下学画,给我讲过他和齐白石老人的故事,激发了我对画画很大的兴趣。我8岁就开始学习中国画的工笔画,拜在开封政协书画组的高僧、原河南佛学社社长释反白法师门下,后又先后拜陈玉章、武慕姚学书法,拜张乐天、蔡德全学山水画,拜张光斗学墨竹,拜刘晓晚学写意花鸟画。父亲和历史系的姚瀛艇教授是"发小",知道我热爱画画,稍大些后,父亲就带我到姚老师家请姚老师介绍我拜开封师范学院艺术系的叶桐轩老师学习写意花鸟。

上中学前后,我和后来在河南大学唐诗研究室任教的已故佟培基教授、后来在河南省社会科学院文学研究所任所长的葛景春教授等结为好友,我们一起吟诗作画,互相鼓励。到我上高中时,佟培基参军,葛景春考入开封师范学院外语系,我们小有分别。直到佟培基转业回到开封师范学院,才又恢复密切交往,终生互相激励,他们是我的诗书画好友。他们两位长我几岁,他们在开封师范学院学习和工作时给我很多帮助,使我渐渐了解到开封师范学院是一个增长知识和阅读书籍的大宝库,开阔了眼界。

上高中后,我想找老师学习篆书。姚老师引荐我拜于安澜教授学篆书并讲绘画理论,我从于老师那里得知小篆之前还有甲骨文、金文,很想了解和学习,姚老师遂介绍我认识历史研究所的朱芳圃老师和孙海波老师,后来又在岳父孙作云教授的悉心指导下对历史、考古、《诗经》《楚辞》做了系统学习。在他们的启发与指导下,我居然借助河南大学七号楼下的图书馆存放样本和善本书籍的庋藏书库(庋藏书库,即图书馆样本书库——编者注)系统阅读了甲骨文与古文字及其相关的历史考古方面的大量书籍,奠定了后来从事学术研究的重要基础。后来又认识了外语系的刘炳善老师和历史研究所的刘一安老师,经过频繁交往,竟然成为忘年交,他们给予我许多外语、文学与历史知识和认知方式的启发。从这些老师的指导和与他们的交往中,我深为他们的人格所影响,汲取了多方面的知识,增长了全新的见识,逐步成熟,确定了我终生从事学术与艺术的基本方向和专业基础。

今天回忆起来,这些师友大多都是河南大学的著名学者,他们使我的认知不断深化,使我的人格逐步完善,对我人生的塑造起到了重要作用。我从感情深处觉得自己青年时期是极其幸运的,我的成长和当时被称为开封师范学院的河南大学毫无疑问息息相关,在我还未进入河南大学前,母校已经于我恩惠极深。

1977年恢复高考,同时恢复了研究生招考。我有幸先后报考了大学本科和研究生。经过高考,我十分幸运地考入了从幼年时代就十分向往的河南大学前身开封师范学院历史系,1978年春作为1977届本科生开始了迟到了10年的大学生活。两个多月后,我又有幸参加了中国社会科学院的研究生初试,在历史系领导的支持和关怀下,在全系师生去尉氏农场锻炼时,特别给了我充分的备考时间。郭人民老师还专门给我做中国通史的系统备考辅导,我又快速恶补了未曾接触过的政治经济学,居然在中国社会科学院恢复研究生考试这一年,在历史研究所的数十名考生中以专业考试与总分冠甲通过初试,很快就接到了复试的通知。历史系的老师和同学们都为我感到高兴,鼓励我积极准备。到北京后,我很顺利地通过了复试,被新建立的中国社会科学院研究生院录取,从此走上了学术研究的坦途。

我在国际著名甲骨文泰斗胡厚宣教授的指导下,开始对甲骨文做系统学习和研究,原来在母校七号楼下的图书馆皮藏书库的系统阅读和学习成为我学习与研究的重要基础。在研究生毕业前夕,我撰写了研究论文,时任《史学月刊》主编的赵希鼎老师看了我

河大读书旧照

关于新出土的周原甲骨文的文章后大加称赞,他以积极扶持后学的胸怀很快就审批在该刊发表。该文的发表促进了我对殷墟出土石磬纹饰的研究文章在文物界唯一的专业杂志《文物》上的发表,使我对专业发展有了坚定的信心,这无疑是母校老师扶持后学带来的效果。

研究生毕业后,我刚刚留在中国社会科学院历史研究所从事研究工作,母校历史系朱绍侯教授主编《中国古代史研究指南》一书,遍请国内中国古代史各段专业领域名家撰稿,即特意邀我撰写《甲骨文、金文与商周史研究》作为商周史专业的研究指南一章。朱老师打破常规要我和学界名流一起著书,是母校老师着意对我这样初出茅庐的学术后辈进行提携,使我有机会将多年积累的学术认识进行总结并展现给学术界。

1986年,我由中国社会科学院作为引进人才调到南京大学历史系不久,看到汉字信息计算机处理技术已经出现,就思考如何利用新的计算机技术进行甲骨文信息处理,很快就设计出一个成型的方案,在南京大学报科研处后,所获经费支持极其有限,与预期需要的经费相差很大。我又想到母校河南大学,经与好友——河南大学历史系的郑慧生老师联系,他很有兴趣参加这个项目,于是我奔赴母校河南大学分别说服历史系和计算机系主任及科研处领导,他们热情接待了我并表示积极支持这一项目作为两校科研合作项目。不久,母校科研处批准一笔相当可观的科研经费,并组织了历史系和计算机系多位老师参加项目合作,计算机系主任还亲自挂帅,和郑慧生老师与我多次交流与合作,我又邀苏州大学计算机系主任和老师共同研制。经过半年多的群策群力,居然在我应美国科学院推选作为国家级学术代表以美中学术交流委员会项目访问教授身份赴美前夕,于1987年底顺利通过省部级鉴定,成为全世界最早实现计算机处理甲骨文信息的系统。母校给予我所主持的科研项目这么大的支持,我终生难忘。

我在南京大学工作期间,母校对我也倍加关怀。历史文化学院多次邀请我到母校做学术报告、出席国际学术会议,还特意聘请我做兼职教授。在我担任江苏校友会的前身南京校友会会长期间,母校多次邀请我回去出席校庆活动,直到 2020 年河南大学江苏校友会换届,我不再担任新一届会长,母校校友总会领导还特意聘我担任河南大学江苏校友会名誉会长。母校对我的关爱之情可说是一以贯之。

我在中国社会科学院研究生毕业后,先留历史研究所先秦历史研究室工作,靳德行任校长时曾托我邀请我的导师——国际甲骨文学界泰斗胡厚宣教授和我的辅导老师——后来担任夏商周断代首席科学家的国际著名古文字学专家李学勤教授到母校讲学,我均陪同他们回母校。母校的师长和同学见到我都十分亲热,鼓励我跟两位导师努力学习,做好科研工作,使我深有回到家中之感。学校和系里领导还特意在送走两位导师后,留我在历史系为在读的本科生和研究生做几个专题讲座,旨在培养我的能力,这种器重和鼓励成为我后来应对各处讲学的基础和自信的最初基础。

1988 年以来,我先后受邀和受聘在芝加哥大学、加州大学伯克利分校、加州大学洛杉矶分校、斯坦福大学、文莱大学、德克萨斯基督教大学、哥伦比亚大学、伦敦大学、剑桥大学、鲁汶天主教大学、莱顿大学、巴黎第七大学、法国社会科学高等研究院、德意志

《华人》杂志封面

考古研究所、科隆大学、波恩大学、法兰克福大学、海德堡大学、墨西哥自然历史研究院、意大利天主教圣心大学、墨尔本大学、麦考瑞大学等国际名校任客座教授和高级研究员讲学研究,浪迹五湖四海;在国内北京大学中国持续发展研究中心、中国社会科学院古代文明研究中心、中国社会科学院研究生院、南京艺术学院美术学院、西北大学艺术学院、河北美术学院、东南大学旅游学系、南京农业大学农业文明研究院、周口师范学院老子文化学院、温州肯恩大学等多所高校和科研机构兼任兼职教授、特约教授或特聘教授。行踪遍及欧洲、北美、中美国家及澳大利亚,每至一处,我在自我介绍时总是先介绍我本科毕业于河南大学历史系,我的学术成长多得自于这所百年名校的培育与支持,为此我对母校常有怀恩图报之心。这也是我接受历史文化学院之聘担任兼职教授和接受母校校长之聘担任母校讲座教授回母校多次讲学和不遗余力组织国际会议、参与母校协同创新项目顶层设计的原委。最近几年我在学术和艺术领域受到国际同行更多的认可和重视,我积极参与国际文化艺术交流、合作活动,先后担任东西方艺术家协

2010年在联合国总部做专题报告
(后排右二为范毓周)

会和欧盟中国委员会的执行主席及澳大利亚中国艺术节组委会副主席等,一直想为母校在人文社会学科与艺术专业的发展尽一份力。我积极推荐在母校历史文化学院工作的原门下弟子韩鼎到美

国名校达特茅斯学院与我数十年的老友、美国汉学界的女泰斗艾兰教授合作研究,开阔他的眼界和借鉴国际学术理论和方法,他已做出很好的成果,初见成效。此外在疫情之中,我到母校艺术学院做《国际视野下的艺术变革:水墨艺术的当代化与国际化》专题讲座,旨在拓宽艺术发展视野,为中国水墨艺术的未来创新发展带来启发。我的学术与艺术活动受到母校历史文化学院和艺术学院

2020年在河南大学美术学院做专题讲座

领导的积极支持和精心安排,还受到母校校友会刘波、刘群等老师的重视和支持,他们在百忙之中还安排宋纯鹏校长接待我,共同探讨在当前形势下如何促进学校"双一流"建设。我提出一些建议,并为艺术学院建立"国际当代艺术研究院"牵线搭桥,促成我主管的欧盟中国国际文化艺术中心与艺术学院签署了国际合作备忘录,进行筹建申报和组织国际艺术研究与教育资源,目前还在积极推进中。这也是我回报母校培育之恩的一点心意。

总而言之,我在另一篇回忆文章《四世之缘》中已经讲过,自外公到我深受母校之恩已经三代,连同我的亲属与母校结缘已有四世,而我的学术成长和艺术创新能力培塑的原动力及后来的助力都是母校这座已经经历110年发展历史的世界名校河南大学所赋予的,于我沐恩独深,因而图报之心时时有之,未敢或忘。故怀此情,草成此文,旨在为母校建校110周年校庆献上一瓣馨香,略抒感恩之情,兼祝母校继续腾飞。

范毓周

河南大学历史文化学院1977级校友。东西方艺术家协会执行主席,欧盟中国委员会执行主席,澳大利亚中国艺术节组委会副主席。南京大学历史学院教授、博士生导师,兼任东方书画艺术中心顾问和研究员,北京大学中国持续发展研究中心特约教授,中国社会科学院古代文明研究中心专家委员会委员、客座教授,中国社会科学院研究生院客座教授,华夏文明传承创新研究院院长,河南大学讲座教授,南京艺术学院美术学院、西北大学艺术学院、东南大学旅游学系、南京农业大学农业文明研究院兼职教授,河北美术学院、周口师范学院老子文化学院特聘教授。曾担任芝加哥大学、加州大学伯克利分校、斯坦福大学、加州大学洛杉矶分校、伦敦大学、剑桥大学、鲁汶天主教大学、莱顿大学、巴黎第七大学、法国社会科学高等研究院、德意志考古研究所、科隆大学、波恩大学、法兰克福大学、海德堡大学、墨西哥自然历史研究院、意大利天主教圣心大学等多所学校的客座教授和高级研究员。

在艺术方面,幼承家学,学习书画,先后受著名书画家弘一法师弟子释反白法师、武慕姚、李白凤、陈玉璋、启功、董寿平等大师指导,作品多次在国内外展出。1996年曾受美国教科文基金会邀请在纽约帝国大厦举办个人书画展。2010年受联合国邀请在联合国总部第一个"中文日"庆典做主题报告,并举办《跨越6000年的文化传承:范毓周教授"汉字与中国文化"专题书法展》。目前进行中国水墨艺术创新探索,被国际艺术界评为世界顶尖级新抽象表现主义艺术家,推动水墨艺术当代化与国际化,引领国际艺术回归美学传统,并受邀担任威尼斯双年展联合策展人。作品广为联合国总部、美国教科文基金会和国内外博物馆等公私机构与著名收藏家收藏。

河大四忆

王庆祥（大泽人）

每每重温韩愈《师说》开篇的话"师者，所以传道受业解惑也"，对当年在河大读书教书时遇到的几位教授的怀念之情便会油然生发。今值河大110周年校庆之际，仅择其四，略释驰念，聊表怅然。

仁善之道古今东西一理——一忆吴雪莉教授

一滴水可以透视太阳，一件小事能反映师德。20世纪60年代初，有一年暑假结束，我和几位同学相约前去看望吴雪莉教授，谈话间有一位同学说："你们听说了吗？……"还没等把话说完，教授就开口了："我知道你说的是谁，不要再传了！你们知道他暑假为什么留在学校吗？家里很困难，连回家的路费都没有！"同学们迷惑的眼光互相对视了一下："护短？"在那个思维普遍向"左"的年代，这大概是大家首先会想到的两个字。

2018年看望吴雪莉教授（前）

教授一番话，琢磨数十年。古人云："仁者不责。"《左传·宣公二年》有言："人谁无过？过而能改，善莫大焉。"估计吴教授并没有读过《左传》，但其爱护学生、宽宥学生之心岂非正与古人通？

英国 18 世纪大诗人蒲伯在其长诗 *On Criticism*（《批评论》）中有名言：To err is human; to forgive, divine（犯错者，人；包容者，圣）。仁爱之道中西一理！育人者，爱人，树人，寄厚望于人，不肯以小过责人，是大爱、大仁、大德，"止于至善"！恰与河大校训精神合。

荐我一书　点亮一灯——二忆吴雪莉教授

在河大读本科的时候，系里都知道我喜欢书法和绘画。有一段时间我特别喜欢惠特曼（Walt Whitman）的诗，就根据照片画了一幅钢笔画惠特曼像送给吴雪莉教授。她非常喜欢，问我用什么笔画的，说画得很传神，潇洒、自在、自信，写《草叶集》的诗人就应该是这个样子。本来我要请教几个有关自由诗的问题，结果我们谈论了一个晚上的艺术。

过了一些日子，应约去见吴教授，她指了指早已摆在书桌上的一本简装书，说："庆祥，你应该好好读一读这本书！"原来是刚刚出版的美国作家欧文·斯通写的 *The Agony and the Ecstasy: A Biographical Novel of Michelangelo*（《痛苦与狂喜：米开朗琪罗传记小说》）。我问道："吴老师，这是刚刚在美国出版的书！您怎么有？"教授说："我特别为你把这本书列在书单上，要妈妈从美国寄来的！"原来那次有关艺术的讨论老师还记在心上！这不正是因材施教，不拘一格吗？不正是为日后的薄发而引导我厚积吗？

此书打开了一扇窗，让我豁然明白了文艺复兴实质上是一场思想革命运动，人文主义蓬勃兴起，文学艺术打了头阵。米开朗琪罗们披着宗教题材的外衣，大肆宣扬人文主义和世俗思想。其雕塑和绘画作品中的宗教人物像极了街坊邻里、亲戚朋友、贩夫走卒，甚至自画像。

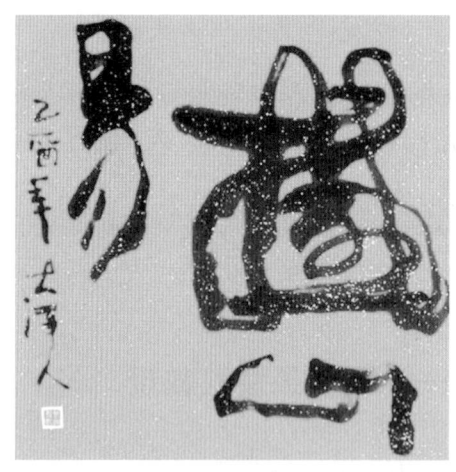 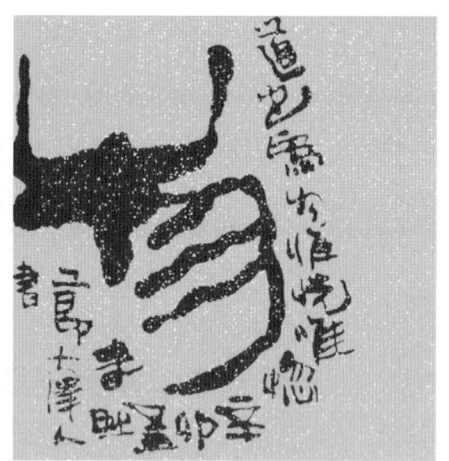

草书:《撼山易》　　大篆:老子语录("道之为物惟恍惟惚")

此书是一盏灯,它让我看到艺术有大小之分。大者为艺术,小者为手艺。大师从来不屑花花草草一类的小情趣,而一意追求大境界、大格局、大气势、大手笔。像米开朗琪罗的大卫雕像、摩西像、西斯廷教堂穹顶壁画、《最后的审判》、圣伯多禄大教堂等等,无一不是大气概、大制作。此书是一面放大镜,它将东西方艺术的异同放大了给我看。虽然东西方艺术在原理上是一致的,但在表现手法和追求上不尽相同。同理而殊途,殊途而同归。

此书是一座桥,我能够通过它游走在东西方艺术之间,取二者所长,避各自之短,开辟出一条属于自己的综合之路,矢志变革,拒绝守旧。评者认为我的作品"极现代、最中国"。

此书是酵母,它促使我在30多年的艺术实践中从生发、发酵到蜕变,升华,再蜕变,再升华。几年前,我还据此为圣约翰大学开设了一门研究生课程,即 Chinese Art: A Comparative and Critical Study(中国艺术:对比批评史),每一节课都配有50多幅精挑细选的幻灯,总计1000多幅,深受学生欢迎,从来没有学生逃课,甚至有校外人士旁听,每课必到。最可喜者,住在纽约长岛的河大外语系1977级学生尚书磊居然也闻讯前来听课,使我倍感温馨,恍若穿越时空,重回 50 年前,我站在河大 8 号楼的讲堂上给学子们上课。

著书按摩院　师生情谊深——忆赵帆声教授

20 世纪 80 年代初,我和赵帆声教授曾两度合作写书。第一次的合作者中尚有中文系的王振铎教授和袁若娟教授。我们用了一学期教课之余的时间翻译完毕美国斯坦福大学学者 J. 刘若愚的 *Chinese Literary Theories*(《中国的文学理论》),最后由王振铎教授负责词语和体例上的统一,于 1986 年由中州古籍出版社出版。

和赵帆声教授的第二次合作则是一年后在曹门外一家盲人按摩院里合作编写一本语言学方面的书。回首往事,浮想联翩;斯人已逝,不胜戚然!

1984 年赵帆声教授突发腰椎间盘突出病症,不堪其苦。当时正值暑假,于是他住进东郊一家盲人按摩院接受治疗。次日,我去医院看他。教授说:"我不能总在这里闲着,得找点事儿干!咱俩一起写本书吧!"我们曾经数次讨论到汉语和英语的音变问题,从《诗经》到奥托·叶斯柏森(Otto Jespersen)的皇皇巨著七卷本《现代英语语法》,有许多理论和实例方面的见解不谋而合,况且我的硕士论文也涉及英语音变。他建议我们就写英语音变,不仅对英语教学,就是对语音学和语言学研究也有参考价值。我说:"好主意,不过您的腰有毛病,怎么能久坐写书呢?"教授说:"我有办法!上午按摩,下午写书,晚上休息。不碍事!"

赵帆声教授博古通今,学贯东西,常发奇想,做事善于谋划,果断、周密、麻利。我们当场讨论决定选题、主旨、体例和大体章节,并当即确定每一章由教授完成初稿,次日讨论初稿,然后由我带回完成修改稿。同时,还要确定次日要写的内容。再次日,首先讨论我所完成的修改稿,再由我带回完成定稿。其他类推。"快三眼"节奏,紧凑、高效。

记得当时每天下午去按摩院,我都会带上一个西瓜。开封西瓜闻名遐迩!师生二人边吃瓜,边谈笑,边欣赏着文稿中的精彩之处和得意之笔,其乐融融!

暑假结束,大功告成,收获的喜悦似阵阵清风,尽扫三伏暑气。此书后来以《英语语音释疑》为名由河南教育出版社出版。

回首往事,意犹未尽,赋得小诗一首作结:

忆往怀旧思帆声赵公

汴瓜甜,意兴浓。谈老庄,聊莎翁。著书忙,乐其中!卅六载,各西东。

思往事,频捶胸!教授今安在?盼君侧耳听:"知我者,数—赵—公—!"

一语开解　点石成金——忆高文教授

素有一字之师,我有一言之师——中文系高文教授是也。高文教授是国内著名学者、唐诗专家、书法家,人称"高夫子"。我1960年入外语系读本科,有一天看到中文系10号楼前有一张海报,说著名书法家高文教授将于某月某日举办书法讲座。心中窃喜:早就盼着此类讲座!

我当时正迷恋清代大书法家何绍基的楷书,临写已成为日课,但每每苦于徒具其形而无其神,百思而不得其解。机会难得!带上宝贝字帖《何子贞书西园雅集图记》和临写的日课,早早地到场抢到一个过道边上的座位,便于请教。教授讲了许多练字的常识和应该注意的地方。记得他特别强调坚持多练,持之以恒,定有收获。感觉净是老生常谈,既无秘诀,也无振聋发聩之处,有点失望。

于是，把希望寄托在演讲之后的辅导上。

不出所料，教授演讲完毕走下台来，走到我面前，拿起我的临仿对照着字帖看了看，说："不错！但写何绍基这种字，要用一分笔，蘸很饱的墨。""呵！果然高人！"我由衷地在内心里赞叹。此时，教授已经飘然而去。

高人难遇，得其一言足以！自此之后，就尊高文教授为一言之师了。

2022 年 4 月 1 日于纽约

王庆祥（大泽人）

1942 年生，山东莱州人。开封师范学院学士，河南大学硕士，美国宾州印第安纳大学博士。曾先后执教于河南大学、宾州西彻斯特大学和宾州印第安纳大学。曾在圣约翰大学、威玛学院、山东大学、河南大学、华南理工大学、湖南工业大学等校任特聘教授、讲座教授、客座教授。

现任中国画学会（美国）荣誉会长，美国亚洲艺术院院士（波士顿）、荣誉院长，纽约当代艺术家协会会长，纽约现当代艺术研究会会长，河南大学美国校友会至善研究院顾问等。

自 1995 年以来，专心于艺术创作，主张"笔墨不厌其精，观念不厌其新"，又主张"异者艺也，大异者大艺也，无异不足以言艺也"。哲学、文学、文学批评等方面的深厚功力极大地影响了艺术理论和创作实践。所开创的"上追古典下通当代，由本土生发延展至世界"的新路径为理论界所肯定，被誉为当代艺术的一条正道、大道，可谓"极现代、最中国"，"非大智慧、大气魄、大胸襟者不能为"。

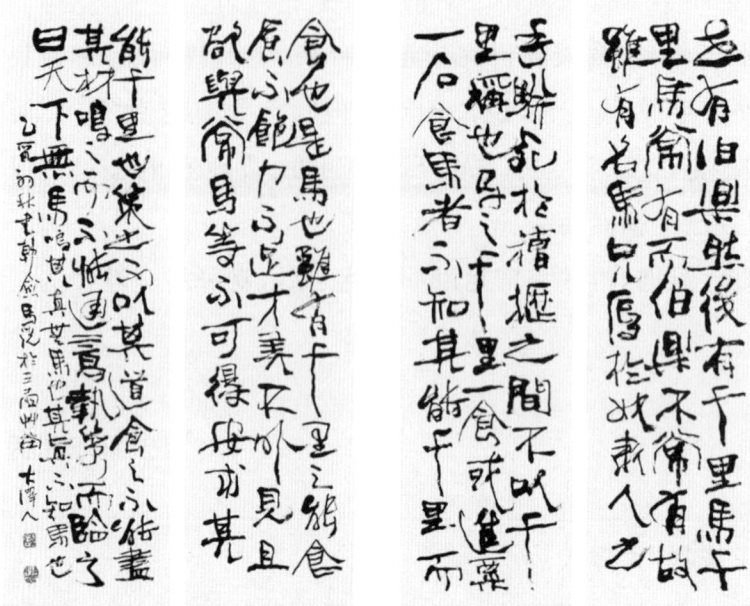

四联屏：韩愈《马说》

　　文字上强调极端化的语言再造，摈弃故事性和煽情套路，不屑柔美情趣，展示出强悍的视觉冲击和精神震撼。评论界认为，其作品所展现的雄强风骨和积极向上的精神取向尤其令人称赏。

真力弥满　万象在旁
——河大,我永远的精神家园

贾新峰

2020年全球发生了百年不遇的新冠肺炎疫情,病毒肆虐,百业萧条,我在纽约的商务活动也未能幸免于难而暂时处于停滞状态。趁着空闲我就在网上攻读哈佛大学肯尼迪学院的领导力课程,其中最重要的部分是关于真实型领导力与适应型领导力的关系。著名的管理学大师罗纳德·海菲兹为了让学生领悟相关内容,作业之一是要求学生开展自我叙

2020年疫情期间在美国寓所前

事,列出真实自我的性格特征。我开始任思绪奔腾,不断追问什么才是真实的自我。无独有偶,35年前我在河大中文系就读时也曾苦苦思索过同样的问题。此时此刻,对母校河南大学的怀念油然而生,求学读书的岁月如一帧帧图片,在眼前播放重现,哈佛所需的自我叙事、精神分析从河大对我的精神塑造中得以找到满意的答案。

向着梦想启程

1985年9月,我满怀期待背负父母的希冀和老师的祝福从故乡嵩县走向河南大学。记得那年高考我是嵩县最好的高中嵩县一中的文科状元。我高中时偏科严重,数学较差,但语文甚佳,作文或引经据典,或夹叙夹议,或发思古之幽情,均获好评,经常被语文老师同时也是班主任的王富贵先生表扬、传阅,在课堂上作为范文朗读。于是积累了点滴自信,梦想以笔为旗,以写作为生,所以选报中文专业,被河大中文系录取,开启了我在河大读中文的历程。

河大读书期间

到了河大,很快就和同学们认识、熟悉了。我在1985级5班,住学8楼,每个宿舍8个人,班长赵留斌来自伊川,成熟稳重,与我同一个宿舍。我们宿舍还有喜欢书法的曹志民、幽默风趣的边金贵、寡言踏实的秦保金、一脸乐呵的郝小河、淳朴可爱的李齐秩及文艺青年史景江。大家都来自河南不同的地域,性格各不相同,相处却非常融洽。团支书张立新精明干练,住隔壁宿舍,隔壁宿舍还有大智若愚的孙俊贤、雄辩滔滔的陈阳及高考分数极高远远超过重点大学分数线的吕玉僧。对面宿舍住着校园诗人朱锋、多才多艺的杨文杰。我们班的女生住在前面的宿舍楼。刚开始不怎么来往,后来我担任语言学科代表去收作业才渐渐熟悉了认真负责的学习委员王蕾、热情好客的郭月丽、漂亮大方的杨莉莉等同学。

在河大校园行走,有时会感觉沉浸在历史与现实交织的梦境中。我感叹于河大厚重的历史,河大曾经大师云集,群星璀璨,大礼堂、贡院碑无声地诉说着河大往日的荣光。古朴、典雅的校园仿佛给了我神奇的启示,入学1个多月后,有一天在10号楼大教室上晚自习时,忽然意识到我需要在河大好好努力,既然以前在高中阶段很优秀,就不能在大学期间碌碌无为、"泯然众人",于是给自己定下两个目标:一是学好专业课,拿到奖学金;二是考上研究生。从此目标驱动的4年大学生活变得充实而有意义。这其实与当时的氛围有关,20世纪80年代,改革开放初期,国门刚打开不久,整个社会、整个校园充满了理想主义,各种新思潮伴随着青春飞扬。我相信自我设计、自我选择、自我奋斗。为此首先要明确什么是真实的自我,我是谁,我从哪里来,我要到何处去。这也是我大学4年反复思考的问题。感谢河大中文系刘思谦教授等名师给我的教诲,随着我阅读量的大幅增加以及与同学们的互相交流切磋,我对真实自我的认识也在逐步提高。

2015年在纽约国际书法大展上

大河奔流　一往无前

在河大中文系的系列课程中,我特别喜欢当代文学史。文学就是人学,当代文学中的作家作品对情感的抒发、人物的塑造更接近当代现实,容易产生共鸣。从新时期文学中的朦胧诗、伤痕文学到寻根文学、改革文学，各种文学思潮各位老师都详加讲解，并让同学们大量阅读原著，大家在当代文学的海洋中恣意徜徉，兴味盎然。我至今还能背诵北岛、舒婷的诗歌，至今记得我在阅读当代文学作品中进行着双向阅读，一方面阅读文本，一方面也在阅读自我，以文本为基础，与自我开展对话。我喜欢在河大图书馆明亮的灯光下看《中篇小说选刊》刊载的最新的当代作家的作品，阅读的同时，也将我在故乡走过的山山水水一遍遍重新凝视。

我喜欢的当代作家有张承志、莫言、王蒙、张贤亮、韩少功、谌容、王安忆、梁晓声等，其中对我影响最大的是张承志。张承志的《黑骏马》《北方的河》《金牧场》，作品名字就是一组隐喻，回答了我是谁、我从哪里来、我向何处去的最基本也是最深刻的哲学问题。虽然现在随着阅历的增长，我已经可以辩证地去看待张承志，但无可否认在大学时代我对张承志前述3部作品有着近乎疯狂的迷恋。

2015年在中国高校北美校友会联盟的活动中获奖

《北方的河》给我的激励是任何一本书都无可比拟的，我只是在阅读茨威格的传记文集《人类群星闪耀时》才产生过类似的阅读体验。《北方的河》是张承志继成名作《黑骏马》之后又一部非常成功的小说，或者说又简直不像小说，而是大气磅礴、激情澎湃的经典乐章,是一部不朽的史诗,那种持久的、深沉的、博大的情怀让我迷狂、催我奋发,驱使我独自一人骑着自行车从河大校园直奔黄河岸边,去观看大河奔流、波翻浪卷的壮观,去体悟大河奔腾、生生不息的力量,驱使我在一再阅读该作品之后更加拼命地去学习专业课和其他课程。《北方的河》中的主人公学的专业也是中文,历经磨难报考人文地理研究生的经历对我产生了无与伦比的激励作用。迄今为止我读书生涯中最用功的时光是在河大。

在10号楼大教室夜半无人时,有我孤身一人学习的身影,我在自学法律专业的书籍。法律不是我的专业,完全靠自学。也就是说,在河大期间,我攻读了中文和法律两个专业。为了考法律研究生,需要付出更多的时间和加倍的努力。感谢陈阳同学曾向他的老乡借办公室让我静心学习、通宵看书。在河大的每一个寒暑假我几乎都待在学校学习英语,我经常和外号为"老孙头"的孙俊贤同学学习研究生考试所需的英语单词、语法和文章。感谢中文系李慈健书记(已故)有事回老家期间曾让我帮忙看家,给了我非常适宜的学习环境,和难得的深夜学习不影响其他同学的机会。

现在想来有点好笑,当年为了考研我竟然削发明志,跑到开封街边的理发店剃了光头。虽说是为了表明心志,不过是想以光头怕羞为借口不参加任何社交活动。有一次从学8楼走去图书馆在大礼堂附近遇到了同班同学郭月丽,她调侃道:"你是准备去哪儿当和尚啊?"我报以微笑,稍觉尴尬。其实,我要的正是这种效果,当时不想参加聚会、不想多见人,只愿躲起来多些时间看书。我天资愚钝,只能刻苦自励、以勤补拙。

功夫不负苦心人,我在1989年以非常优异的成绩考入中国政法大学研究生院,师从名师应松年教授攻读行政法研究生。

观人、省己、切实的奋斗

在河大中文系就读是非常幸运的,因为中文系有大名鼎鼎的任访秋先生,先生是胡适、周作人的学生,我们颇为自得的是我们与胡适等大师之间仅仅隔着任访秋等一两个人。可以说河大中文系的学子在一定程度上都是五四新文化运动精神血脉的直系继承人。虽然我未能亲炙先生教诲,却自我定位要沿着先生的学术旨趣,去阅读现代文学的巨擘大家。我看了任先生关于鲁迅研究的一些文章,对研读鲁迅产生了极大的兴趣。

中文系开设的现代文学史主要研究 9 个作家,即鲁郭茅巴老曹艾丁赵(鲁迅、郭沫若、茅盾、巴金、老舍、曹禺、艾青、丁玲、赵树理)。鲁迅在现代文学史排名第一当之无愧,鲁迅的伟大不仅在于他的文学成就,更在于其思想的博大精深和对其所处社会的深刻洞察。鲁迅弃医从文,是以医生的犀利眼光观察社会的病态,以笔为手术刀解剖其所处的病态社会。

记不清花了多少时间,我在河大图书馆通读了《鲁迅全集》,鲁迅的清醒、渊博、深刻、强硬、疾恶如仇、坚韧不拔塑造了我青春时代的性格和精神版图。年轻时代的我有些偏狭愤激,如同大河穿越高山峡谷左冲右突,激荡不已。鲁迅的作品特别符合我当时的心境,可以产生精神共振。我能深切体验鲁迅的愤世嫉俗和革新精神,同时也从任访秋先生的研究中看到鲁迅其实也有中国传统知识分子的闪光点,明显带有明代以来中国传统知识分子的士人风骨。鲁迅给我的启发不仅仅是骨头要硬、无丝毫奴颜媚骨,而且要锲而不舍、百折不挠。同时更重要的是观人、省己、切实的奋斗。

观人,可以近观老师、同学,汲取优点。"三人行,必有我师焉,择其善者而从之,其不善者而改之。"这其实是儒家传统。观人,也可以远观贤人志士。我通过阅读《鲁迅全集》研究了鲁迅的优异之处与时代局限。鲁迅的伟大和成就无可置疑，可我觉得鲁迅孜孜以求地"改造国民性"难乎其难，几乎是不可能实现的理想。世道在变，总有新事物层出不穷，可国民性并没有太大改变，仍然是有良善，也有邪恶。寄希望于改造人心、改造国民性来改造社会其实是靠不住的。完善的法治才是建立一个美好社会的基石，这是我研究鲁迅以后"弃文从法"报考法律研究生的理由。

省己是儒家的传统，我虽然做不到"一日三省吾身"，却经常反思自己的不足。现在回过头看，我的内省功夫还非常不够。我在河大好像不太喜欢热闹。大概是大二吧，在一个周末的晚上，我坐在宿舍的床上看书，从其他宿舍过来一位同学在和室友们有说有笑，我愣是板着脸没有任何回应，自己内心非常抑郁，现在想来我当时是不是过于孤僻或嫉妒人家能说会道？如果是现在，我绝对不会在众人嬉闹时独自不语。还有需要省思的是即将毕业时给一位家在郑州、漂亮大方的同班女同学的留言非常不礼貌、出言不逊，我不知道自己为什么会鬼使神差说出那样不近人情的话语，尤其是在毕业分别的时候。可见我在读大学时非常狭隘，想来惭愧和汗颜，在此郑重向她道歉。

观人、省己、切实的奋斗，都是鲁迅文章的原词。鲁迅是五四新文化运动的杰出代表，是思想解放运动中最有代表性的思想家，几乎是全面反儒的急先锋。但我最喜欢的却是鲁迅文章中难以觉察的、代表中国文化优秀基因的部分，这说明传统文化中的精华具有强大的生命力。"切实的奋斗"其实也是儒家积极入世、自强不息的精神。我在河大非常彻底地做到了这一点，中文系1985级8个班有300多个学生，每次评奖学金我都是一等奖。在河大4年，从来都是班上综合考试成绩第一名，全年级前几名。考试成绩虽然不代表能力，可我当时别无其他能力，只有拼命学习，以此证明自己在努力达成预设的目标。

真力弥满　万象在旁

在河大，除了上课、去图书馆，我还非常喜欢去听讲座。记得中国人民大学的高放教授曾莅临河大大礼堂开讲座，解析美国未来学家奈斯比特的《大趋势》，这本书在当时非常畅销。同学们踊跃参加，高放教授高屋建瓴的解读大大拓宽了我们的视野，激发了我们对未来的想象和憧憬。

周末有时会去大礼堂看电影，我喜欢人物传记类的电影，看过《孙中山》，对孙中山先生的"吾志所向，愈挫愈奋"的精神有了直观感受；看过《成吉思汗》，其中一个场景至今难忘，成吉思汗指着一个蒙古包说这里就是蒙古帝国的中心，然后开始驰骋疆场。我好像当时就产生了幻觉，如果有精神版图，那以大礼堂为标志的河大校园不也是我精神版图的起点吗？只不过精神版图就是认知圈和精神谱系，用不着征战征服，只需努力而已。

河大美国校友在华盛顿聚会（后排左四为贾新峰）

在河大时，我没有特别高远的理想，目标都非常具体，只是想着以文化谋取生路、以文化谋取慰藉、以文化谋取未来。有时我会去铁塔公园散步,想象千年以前铁塔之下曾经是宋朝的太学,程颐曾凭一篇文章而被主考官录用,担任太学的老师。这会是我的未来吗?一边散步,一边遐想,历史与现实交织的念头只是在铁塔下才会产生吗?

在河大,我有时喜欢念着汉乐府中的诗句"出东门,不顾归",步行出东校门登上城墙。城墙一带是很多同学恋爱时卿卿我我的地方,我有点特立独行,喜欢在城墙之上背诵古诗,在城墙之上回望千年。国学大师陈寅恪说"华夏民族之文化,历数千载之演进,造极于赵宋之世",尤其是北宋时天上五星连珠,地上出现北宋五子:张载、周敦颐、邵雍、程颢、程颐。其中程颢、程颐和邵雍收徒、讲学、著书都在我的家乡或附近,让我深感家乡人杰地灵、文化积淀之深厚。北宋五子拓展了中国文化的绝对高度和宏阔格局。我没有多少自己体悟的思想,没有雄视百代的宏大志向,可是当我在城墙之上,想到张载"为天地立心,为生民立命,为往圣继绝学,为万世开太平"的话语时依然泪流满面,有一种修身弘道的深切感动。

在古城墙之上,也曾遥想古圣先贤天命在身,以天人合一的境界和使命启迪后学。大哲程颢自家揣摩体会出的"天理",确实使华夏文化登峰造极,达到了新的高度。由此我想到了"大学之道,在明明德,在新民,在止于至善",何谓"止于至善","天理"不就是至善吗?"天理"就是宇宙法则,就是自然法,就是引领中华文化五千年弦歌不绝愈加光辉灿烂的贯通天地之外的无形大道。"天理"让人们有了判断世俗法律、制度、一切行为是否符合天道的最高原则、最终标准。"天理"和合理的人欲并不矛盾,但欲望过于高涨易使人迷失自我,导致灵性混沌,难以觉察"天理"。

2022年3月河大校友在美国首都华盛顿（左四为贾新峰）

在河大校园，在紧张的学习余暇，我也会从容地欣赏河大校园之美。程颢的一首诗《秋日偶成》，在我刻苦学习之后往往会带给我一些精神上的宽慰："闲来无事不从容，睡觉东窗日已红。万物静观皆自得，四时佳兴与人同。道通天地有形外，思入风云变态中。富贵不淫贫贱乐，男儿到此是豪雄。"

1989年我从母校河大毕业去北京读研，然后到深圳、香港工作，后来下海经商、自行创业，2010年来到美国开始二次创业，小有所成。当年以写作为生或以法律经世致用的梦想因现实的谋生、经商等如今均未实现，却了无遗憾。人生就是不断超越自我的旅程，走过千山万水，世界看遍，我始终心系母校河南大学，是母校赋予我真正的精神力量，塑造了真实自我的精神版图，让我在工作和生活中有了勇往直前、战胜困难的强大心劲。我在河大中文系学习古代文学之时，对于司空图的《二十四诗品》印象深刻，司空图论豪放诗风为"天风浪浪，海山苍苍。真力弥满，万象在旁"。河大对我精神版图的塑造让我深有同感，无论何时何地，面对任何事情，面对任何困难，我都将保持真力弥满的精神力量，继续前行，"止于至善"。河大,是我永远的精神家园。

2022 年 5 月 26 日于纽约

贾新峰

河南大学文学学士,中国政法大学法学硕士,哈佛大学肯尼迪学院在职进修,哥伦比亚大学龙峰文化基金创始人。现任河南大学美国校友会会长,纽约龙峰文化基金会主席。

缅怀我的奶奶——吴雪莉先生

黄 龑

2022年4月7日,奶奶因病抢救无效心脏停止了跳动。

奶奶走了,疫情把我们隔在太平洋彼岸没有办法回国与奶奶送别。我们一家给奶奶做了一个花圈,摆放在客厅里,奶奶的音容笑貌永远活在我们心中。

我噙着眼泪望着奶奶的遗像,周围鲜花环绕。我知道奶奶是非常喜欢花的。奶奶是在家里的迎春花刚开完、蔷薇花尚未开放的时候离开我们的。纽约的清明节还是很冷的,除了迎春花开了,别的花都在含苞待放,奶奶这时候离开是怕我忘记季节吗?不会忘记的!我不会忘记奶奶是在春暖花开的季节又是清明节刚过后走的,奶奶,以后的清明节我陪您一起去赏花。

在我的记忆里奶奶给我留下的印象是熟悉而陌生。

我从报纸和杂志的报道中得知了奶奶那令我陌生的一面:她为《陈云文选》翻译了初稿,为伦敦出版社的《中国大百科全书》翻译了45万字的材料……在我眼中普通的奶奶也瞬间高大起来。

在一个幽静的小院子里,有一位老太太正在照料她的花草。和很多中国老太太一样,她有着一头华发、一副久经风霜的面容,以及一口整齐洁白的假牙,只不过,她的眼睛是蓝色的,她就是我的奶奶,一位华籍美人——吴雪莉教授。

熟悉:从国庆节、圣诞节到春节

我对我的奶奶很熟悉。小时候,我最喜欢去的地方就是奶奶家。她那里总是有许多有趣的英语动画片,虽然我听不懂里面讲的是什么,却总是看得津津有味。奶奶每次从美国探亲回来,都会带来许多新的动画片。我的英语名字 Billy 就是从动画片 *An American Tail*(《老鼠也移民》)来的,因为我的耳朵长得酷似主人公 Feivel 的耳朵,Billy 是 Feivel 的小名。每逢节日,我都会到奶奶家和奶奶共同度过。其中最令我难忘的,就是圣诞节和国庆节。

1 岁时和奶奶一起过节

作为一个在中国居住了 60 多年的老太太,奶奶十分热爱中国。她有一面写满了历史的国旗。每到国庆节的时候,她总会把这面国旗高高地挂在家门口,庆祝共和国的又一岁生日。这面国旗是她在 1949 年买的。当时在上海滩,她和全国人民一起迎来了新中国的成立。"人们都争着购买国旗,队伍排得很长,我是 9 月 30 日下午才买到的,家家都在挂国旗。"她告诉我,"当时需要国旗的人很多,居委会就组织妇女用缝纫机制作,做工比较粗糙,也很简单,用一块棉布(规定尺寸)挖五个呈五角星形状的洞,然后用黄布缝上……"国庆节过去后,奶奶便把国旗收藏起来。这面国旗是她的宝贝,一次记者采访时国旗被院子里的刺玫扎了一个小洞,奶奶亲自一点一点地缝补。一个小洞,她却用了整整半天的时间,而且从此不再轻易拿出。这面国旗现在仍保存在奶奶家里,上面承载着奶奶对中国那份深沉的爱。

圣诞节是美国人的传统节日,奶奶家里有一棵 2 米高的圣诞树。每年圣诞节我们都会用各式各样的彩灯、饰品把圣诞树装扮起来。树的下面摆放着圣诞礼物,墙壁上挂着圣诞袜,里面总是会有一个橘子或苹果以及各种糖果。每当12月25日我满怀期待地到奶奶家,期望得到圣诞老人送给我的礼物时,奶奶总会装扮成圣诞老人的样子出来迎接(后来才知道圣诞老人给的礼物都是奶奶24日夜里放在圣诞树下边的),一家人度过一个愉快的圣诞节。而圣诞树则会一直摆放到春节——奶奶最喜欢的中国的节日。

在中国居住了60多年的奶奶早就成了一个地地道道的中国老太太,一口流利的中国话,不时还夹杂着开封地方方言,总能引来来访者惊奇的目光。虽然奶奶的外表是美国人的样子,但她的内在早就是一名中国人了。这一点从她的饮食就可以看出来——早餐一般就是牛奶咖啡和煮鸡蛋,中午米饭,晚上喝汤,标准的中国饮食习惯。

陌生:奶奶的事业

随着我不断长大,我又发现了奶奶令我陌生的一面。

逢年过节,总是有记者来采访奶奶,这我早就习惯了,并且一直认为"因为我奶奶是美国人,所以他们才来采访"。但是随着我不断地接触更多的人,我开始改变这个想法。每当提到我奶奶时,谈话的人总是肃然起敬。这令我十分好奇,我的奶奶究竟是个什么样的人呢?

我一直以为奶奶只是一个普通的老太太,作为河南大学的教授教导学生,其他没有什么特别的地方。而奶奶在我面前表现出来的也的确是这样。她从来不会自得地告诉我她的成就,或者她为学校做的贡献,她总是默默无闻地付出着。而我则从报纸和杂志的报道中得知了奶奶那令我陌生的一面。

1925年7月15日,我的奶奶出生于美国阿肯色州一个农民家庭。13岁时,她第一次在《西行漫记》中认识了中国。1945年圣诞节的第二天,奶奶和留学美国的爷爷黄元波举行了简单而热闹的婚礼。次年,两人一起回到了中国。随后除了几次探亲之外,奶奶就一直住在国内。她为自己起了个中国名字——吴雪莉。1956年,奶奶来到了河南大学,成为外语系的一名教师,也成为国家的第一批外教。在接下来的56年中,奶奶送走毕业生3000多人,先后介绍美国留学生到中国、中国留学生去美国多人,培养出300多名硕士生和2名博士生,是学生心目中一位桃李满天下的优秀教师。

奶奶为人谦和,从不计个人得失。当人们赞扬她时,她总是说:这是张明旭等元老们打下的江山,我们要好好守着啊,我是元老们的继承者。是啊!在硕士研究生的培养过程中,她尊重刘炳善教授和王增

奶奶参加博士生毕业典礼

选教授,她们既是同事又是朋友;在外院硕士导师的梯队建设上,她高瞻远瞩借鉴国外多学科全面发展经验,与导师组的导师们先后培养出3代接班人;在研究生的教学过程中,她除了自编教材外,每次从美国探亲回来总是自费买来一箱一箱的书籍。正如五叔黄礼和所说,她做了她想做的事,确实了不起。作为她的后人怎能不为之骄傲!怎能不怀念她!怎能不为她的辞世而哭泣!

"这是一幅描绘共产主义中国日常生活的画卷,它不是一个西方记者也不是一个中国人短短几周的采访记录,而是一个嫁给中国人、做了中国家庭主妇和母亲的美国妇女的亲身经历。"这是伦敦出版社在1958年出版《中国一条街》时,特意在内封上打上的文字,以宣传它的与众不同。这本著作配有奶奶亲手绘的10多张插

图,是她初到中国4年生活浓缩的结晶。

奶奶还翻译了《在和平的日子里》《苦菜花》等作品,此后,她又先后出版了《英美文学批评史话》《实用英语教程》,并为伦敦出版社的《中国大百科全书》翻译了45万字的材料,为《陈云文选》翻译了初稿。我无法形容在读这些记录时的感受,有震惊,也有自豪。在我眼中普通的奶奶也瞬间高大起来。

富有戏剧性的是:我的奶奶在来到河南大学外语学院教书后,放弃了陈旧枯燥的教学方式,找到了一些更新的教学方法。硕士研究生所开设的大部分课程是她在美国探亲走访完回国后结合国内的实际情况而制定的。

奶奶与河大校歌碑

而我,作为一名河南大学外语学院的学生,正在一步步地跟随着奶奶的步伐,学习英语。教授我的,正是奶奶当年的学生。她告诉我们,奶奶在上课的时候特别活跃,会生动地模仿各种动物的叫声,上课时都打扮得特别漂亮,同时也是一位十分严厉的老师。但在她看来,奶奶总是慈爱大于严厉。

时至今日,我才真正理解了奶奶,她并不仅仅是一个华籍美人,更是一位令人尊敬的老师,一位在英语教学界有着独特地位的教授。而她,却更希望在自己的子孙面前保住这个秘密,作为一个普通奶奶来对待孩子。

2011年1月,我参加《国际人才交流》杂志社举办的"我与外教"全国征文大赛,书写了题为《黄土地上的耕耘者——我那熟悉而陌生的奶奶》征文,并荣获了特等奖。奶奶的事迹得到了组委会的一致赞赏。奶奶默默在河南大学工作了60多年的其人其事,如同一颗灿烂的明珠终于闪闪发光,奶奶荣获"十大功勋外教"奖章是当之无愧的!

奶奶和陪伴了她50年的蔷薇花

2012年6月8日,我怀着依依不舍的情怀踏上当年爷爷的求学之路到太平洋彼岸读书深造。临走,我把奶奶珍贵的照片做成当年的年历带到美国,奶奶把她活期存折里仅有的35美金送给了我,迄今我还保留着它们,奶奶对我的爱和我对奶奶的深情将刻骨铭心。

来到美国我刻苦读书,牢记奶奶的教诲,用奶奶平时的言传身教很快适应了西方的文化、礼节、生活及学习习惯,以优良的成绩顺利毕业并获得纽约石溪大学的工商管理硕士学位。

自2012年6月离开奶奶,其间我多次回国,前两次都在奶奶的书房(与奶奶的卧室相邻)铺一张行军床。奶奶每次起夜我都知道,但她怕影响我休息,总是轻轻地走动。

2019年得知奶奶身体欠佳,我利用仅有的一周假期回国探望奶奶。我每天给奶奶买好吃的,陪奶奶晒太阳聊天。一周的假期飞快,我告别了奶奶回美工作,万万没有想到那竟然是我与奶奶的永别!

奶奶您为中国的教育事业奉献了毕生的精力,鞠躬尽瘁。您的去世河南大学上下悲痛不已,您的事迹赢得了自上而下各界人士的爱戴、尊敬和敬仰。人们赞美您、歌颂您、怀念您、追思您。

最后一次和奶奶的合影

（摄于 2019 年 9 月 13 日）

奶奶的一生是灿烂的一生！是传奇的一生！是辉煌的一生！奶奶也曾历经磨难，但是奶奶的功德是圆满的！身为您的孙儿为您感到骄傲！

奶奶走了。

奶奶，请您放心，孙儿会一如既往地遵循您的教诲，学习您认真做事、光明做人的品格。

奶奶，请您放心，孙儿一定会像您一样热爱中国，无论走到哪里，我都会记住自己的名字黄夔——炎黄子孙。我的心里将永远珍藏着您那面"宝贝"国旗。

奶奶，每次我从您家走，您总是说"See you later alligator"（表达再见的美式俚语，alligator 与 later 谐音，无特别含义——编者注）。奶奶，今天是您离开我们的第七天，在您去往天堂的路上，请接受孙儿的跪拜，您一路走好，天堂安息！

借此机会，我代表晚辈们感谢淮河医院的领导及医护人员对奶奶住院期间给予的治疗、抢救、护理，感谢河南大学各级领导前去医院看望慰问奶奶，感谢亲朋好友对奶奶的呵护、关爱。

特别感谢外语学院杨朝军院长、肖艳书记、关合凤老师、高继海老师。你们不仅多次到医院探视奶奶，而且在奶奶病情严重直至临终前都守候在奶奶身边。高继海老师还特意安排洪建园师兄在遗体告别仪式上录制视频，给我们全家留下了奶奶珍贵的遗容，我向你们深深地鞠躬致谢！

最后感谢奶奶去世后前来参加吊唁、发唁函、发追思文章的各界人士;向送花圈的单位和个人表示感谢;感谢帮助办理奶奶后事的所有人员,你们辛苦了!向参加奶奶遗体告别的全体领导及各位来宾表示感谢,请大家接受我们晚辈的叩谢!谢谢你们!

2022 年 4 月 13 日于纽约

黄 龑

2008—2015 年,就读于河南大学外语学院,先后获得学士学位和硕士学位。2016 年,于纽约石溪大学获得工商管理硕士学位。2017 年至今,于 Scotiabank(丰业银行)任反洗钱监控测试经理。

记忆中的大学旅程

孙连志

岁月车票

1981年的高考是7月的7、8、9三天。当时我在商丘县第一高中(今商丘市二高,又称良浩中学)就读。该校历史悠久,内有文庙和千年皂角树。史载春秋战国时期孔子回祖籍宋国讲学于此处,文庙是元朝初期为纪念孔子所建,在当时被用作学生食堂。古树据说是赵匡胤在宋州做归德节度使时拴马用的,老干新枝,颇为繁盛,遮盖着其下的师生茶水房。

不久高考成绩下来了,一本分数线是420分,我考了426分,在全校毕业班数百名考生中名列第四。接下来是集中起来报志愿。之前大家对此都一无所知,那天按通知到了学校,先是听了老师的一番介绍,然后匆忙地翻看两本全国各学校的简介。可想而知,这与盲人骑瞎马也差不

1983年双代会留念(后排左二为孙连志)

了多少。报志愿牵涉着个人一生的前途和命运,大家很是茫然,犹

豫不决，但时间只有一天，不管如何磨蹭，最终还是一个接一个地选报了自己的3个志愿。我和同学们一样，也是两眼一抹黑，最后还是确定河南大学（当时还称河南师范大学）为我的第一志愿，原因有两个：其一是确保一定要能上学，我家在农村，父母亲和哥哥为我上学尽了全力，已无力再多供应我；其二是我在中学时期曾看过一本小人书，名字叫《战龙亭》，讲的是解放战争时期解放开封的故事，对学校所在地开封有点了解，觉得是个历史名城、"大"地方，除此之外一无所知。还有一个不足为外人道的原因。为节省，那时豫东农村一天两顿饭，没有吃早饭一说。那天因走得仓促，一大早出来没有吃点东西充饥，且不知道报志愿还要花那么长的时间，从家里出来时忘了从父亲那里看是否能要到几毛钱。到了下午，肚子饿得实在有点撑不住了，而又不好意思向同学借钱，因为不知何时才能见面还上，加上觉着即使再耗一阵子也不会有啥好想法，就牙一咬，两眼一闭：就是它了！结果报的第一志愿是河南大学，专业为化学，我最喜欢的专业。

现在想想这个过程，可为一叹！

大致在8月中旬，学校录取结果逐渐公布了，我接到了河南大学的录取通知书，可不知为什么是数学系。后来到校后方才知道在体检时我被认定是色盲，不适合学化学，反而被数学系录取了。我后来经历过不知多少次体检，从来没有被诊断为色盲的，而偏偏在能决定一个人一生专业方向的时候被误诊了。又可为一叹！

也是后来才知道，从老家商丘到那座历史名城开封不过区区120公里。可这区区120公里，当时唯一合适的普快437次列车却需要走上5个小时！

现在每次回国，我最喜欢乘高铁来往。商丘作为河南省仅次于郑州的交通枢纽城市，高铁四通八达，到开封只需30分钟。40年的时光，中国早已发生天翻地覆的变化了。

踏上行程

同学中被河大录取的还有杨继远,本来他报考的是河南医学院,但被好心的老师给改了志愿,阴差阳错去了河大化学系。他毕业后至今任职于商丘职业技术学院。他为人实在、热情,做事又很努力,后来被聘为学院教授、主任。

远行前,我到各亲友家告别。姐姐待我最亲,她家里生活条件好些,在我上学期间对我多有帮助,这次还特意给我买了一条绒裤。去舅舅家,妗子给我准备了一顿农村可谓丰盛的饭菜,几个表哥相陪。走时妗子非要塞给我20元钱,那也是当时自己经手过的最多的钱了,另送了我一副床单。我父母本来人缘就极好,家里更是天天都有来说话的邻里乡亲,一起长大的玩伴如北京、老虎、余根、铜庄、收、翠莲、春、美等也不时来玩。

不知不觉就到了出发的日子。到学校去的那天一大早,天还黑蒙蒙的,我扛着母亲细心整理好的铺盖卷,告别了家人,由小学同学崔永海用自行车驮了十几里路到了火车站。小而破烂不堪的商丘火车站人声鼎沸,车站内外挤满了托包挑担出远门的人。我竟然在没有约定具体碰面地点的情况下在人海中和杨继远会合了,真是个奇迹。

在此之前,我去过的最远的地方是20里外的舅奶奶家。由于是第一次出远门,我到宁陵时竟然晕火车了,呕吐了好一阵子,难受得不可言喻。列车一站慢似一站,看看挨到下午了,也终于到站了。那时的开封火车站比商丘火车站看起来好些,但同样是破烂不堪。出了车站,就看见了河南大学迎新生的牌子,牌子周围聚了不少同样背着铺盖卷的学生模样的青年和一些家长模样的人。负责来接新生的是学校高年级的学生。大家等了一会儿,来了辆估计是学校租来接新生的公交车。由于人太多,车里挤得密不透风,车一开动，我的晕车感又上来了，那种难受的滋味在40年后的今天还清晰如昨日。

不知过了多长时间，车到了学校南大门口。那时的南大门在今南大门的西边，校办公楼的西边道上。尽管有晕车的强烈不适，我还是被道路两侧那漂亮的泡桐树和各式特色建筑吸引了。车子停下来后，大家鱼贯而出，我立即被眼前古色古香、宏伟壮丽的大礼堂震撼到了！

人生驿站

我们这一届数学系新生被安排到了学二楼四层，和当时政教系楼和教育系楼毗邻。一个房间住8个人，分上下铺。

那时我对一切都茫然无知，还差点闹了一个大笑话。被迎新的本系高年级学生领进宿舍后，就早到了吃晚饭的时候。一大早吃了一碗母亲做的鸡蛋面条，可也在火车上吐净了，到现在滴水未进，早已饿得前心贴后心。到宿舍刚坐下喘息未定，正琢磨着吃饭的事，就见有一长者和一浓眉大眼的青年端着热腾腾、香喷喷的饭菜进来了，很客气地让我。我当时一喜，心想学校照顾得真周到啊！说饿，这不，饭菜就上来了。可毕竟素不相识，且平时"作假"（客气）惯了，忙推辞说"不饿，不饿，你们吃吧！"，谁料到两人客气过后就吃了起来，我这才知道原来理解错了！试想如果不是习惯性地"作假"，而是想当然地将饭菜接过来……

俗话说的"土老帽进城""土得掉渣"，就是那时我和绝大部分农村来的同学的真实写照。我从小生活在穷乡僻壤，尽管后来几年在县城上学，可也是全身心地投入学习、备战高考，课外活动很有限，根本就没有机会多接触真实的世界，社会经验几乎为零，不出洋相才是奇怪的。

后来知道那位年轻人叫彭富山，我的室友，南阳邓州人，长者是他的父亲，不放心他一个人出远门，一天前专门送他过来的。后来他成了我最好的朋友之一，即使这么多年我远在美国，我们也一直保持着密切的联系。

我们这一年级共有125人，人数之多在数学系历史上也是空前的。年级分为3个班，女生只有7位，很快就有了"七仙女"的雅号。"七仙女"全部分在了我们一班，为此事我们一班班干部在后来的日子里没有少听二、三班的风言风语，如"近水楼台先得月"等等。这真是冤枉，我们近水楼台不假，可利用这个优势的另有其人。班里分为几个大组，班干部讨论后让一表人才的孙复兴同学做了大组长，是他充分利用了这个优势。这么多年过去了，复兴已经是一家省内国企的老总，每次回国见了面，我仍然戏称他为"女生大组大组长"。

那时的河南大学还只能面向省内招生。尽管同学们基本上都来自本省，但由于口音各异，且在此之前没有和不同口音的人相处的经验，因此开会时往往一个人说完了，别人还云里雾里呢。这种情况后来逐渐有所改善，但直到毕业仍有两个同学乡音不改，大家终究难以完全理解他们的意思。

回母校与原财经系同事相聚（左四为孙连志）

由于在商丘县一高做过班长和团支部书记,我被任命为一班团支部书记,组织委员为曹殿立,宣传委员为王伟。班长是李学东(后来由王守中接任),长我两岁,比我和同学们都显得成熟,在工作方法上很有一套。

当时考上大学以及大、中专的学生,一切费用都已由国家全部包了下来。不仅学费、书费、生活费、住宿费、医疗费全免,连洗澡、理发都是免费的。每人每月生活费12元5角,另有细粮23斤、粗粮8斤。吃饭到学四食堂。那时的钱真当钱用,从小到大,就没有过这样的好生活!和在高中时期有时一个礼拜才有一毛钱的咸菜比起来,可谓天壤之别。

高中时期由于长期营养不良,加上学习艰苦,我有严重的胃病。在大学一个学期后,胃病也不治而愈了。

恰同学少年

我们这几届学生大多来自农村,刻苦好学,即使"鲤鱼跳龙门"上了大学,学习劲头也丝毫未减,风气极好。不知当初分班时系里是否有意如此,一班的学生高考成绩普遍高些,似乎学习也格外用功。故我们班成绩突出,好学名声在外。加上拥有"七仙女",让二、三班这两个"和尚班"的同学们羡慕不已。在安排活动时,二、三班班干部就会抱怨我们一班的特殊优势,私下甚至提出借几位"仙女"去他们那里帮助活动,活跃气氛。我们也往往有求必应,但后来他们轻车熟路,不再征求我们班干部同意就直接行动了。

新生们很快就互相熟悉了。我们寝室来自新乡的王贵生年龄最大,来自许昌长葛的黄建林最小。王贵生入校之前在高中就谈了对象,这在我们那个年代可谓凤毛麟角。好像是约好的,他的女朋友秋菊也于同年考入河大教育系。王贵生学习不太上心,但以老大哥身份给大家免费传授诸如如何谈恋爱等社会经验方面倒是尽心竭力的,为此没少让我们学生干部们抓现行。邓书显滑稽幽默,是个开心果。黄建林人很聪明,他从家里带了个小收音机,成了大家的公共财产,晚上熄灯后收听一会儿流行歌曲或新闻成了大家的乐事。

入学不久,各班就组织起来集体跑操。在楼下集合完毕,班长李学东往往在跑操之前做一些动员,并表扬早起、批评晚到的,然后由体育委员郝光宇负责领操。由于起得太早,天往往还很黑,当时校园内路灯很少,为此还闹出不少笑话。如有一次,在跑到原校医院东门前往学校办公楼的岔路时,姚开成同学没有戴眼镜,转弯时迎面撞上了一棵歪脖石榴树,当时就撞蒙了。还好速度不快,才没有出大事。

当时学校的运动设施极少,大家最喜欢的运动是打篮球。住处学4楼下不远处有一个篮球场,打球时场上往往人满为患,原因是经过那里的人往往不请自到插上一手。我们寝室打篮球的高手没有,却几乎个个都打上了瘾,后两年连午睡时间都用上了。常备队员有彭富山、黄建林、陆楷章和我,其他几位如李宾、邓书显和王贵生也不时参加。唯独秦玉明忙于用功学习,加上体质较弱,无此爱好。

每当系里举行篮球比赛时,各年级都踊跃参加。比赛往往是在当时称为东操场的篮球场上,位置在大礼堂南面和东五、六、七斋的交会处。届时场外同学们加油声此起彼伏,场内参赛队员龙腾虎跃,你争我抢,高潮迭起。滑稽的是由于家庭条件差,很多参赛队员没有像样的运动衣裤,所穿的裤衩、背心多是家里做的,场上一片花花绿绿,五色杂拌。当然,我也不例外。想象一下如此着装的运动员上蹿下跳、满场乱跑的情形! 至今回忆起来,还不禁莞尔。

父亲在世时擅长豫剧司鼓,本来有正式进入商丘县豫剧团这极难得的机会，可由于家里实际境况的困窘而错过了，这成了他一生的遗憾。受父亲影响，我从小就喜欢唱戏唱歌，从小学到高中都是文艺活动的"台柱子"。8岁时在学校宣传队里开始学板胡，之后跟着曾经在一个乡间"野班子"剧团做过琴师的史圣深老师学习了几年，后来他成了我们学校的音乐老师。高中那几年学习太紧张，板胡也不得不放下了。到河大后，这些爱好有了重新捡起来的环境。也许真的有些天赋吧，一来二去我竟然成了系里师生们口中的"歌唱家"，被誉为数学系的"蒋大为""李双江"。记得入学后的第二年，学校召开全校团代会，我是系里的代表，其间团委专门邀请艺术系的高手到场演出助兴，当时的系团总支书记赵振海老师竟把我推了上去。我也没推辞，由艺术系学生的手风琴伴奏，演唱了李双江的《战士的第二个故乡》和蒋大为的《骏马奔驰保边疆》，竟然博得了经久不息的掌声。过后一位音乐系的老师（可惜没有问他的名字）专门找到我，问我是否想转系，我也没有当回事。当时转系很难，但并非不可能。试想如果真的转到了艺术系，我人生的道路又会是什么样的？

选择就像火车的道岔，关键时刻，它决定了一个人一生的命运。

后来在赵振海、刘秀英两位老师的大力支持下，在校的第三年我组建了数学系文艺队。文艺队由系里各年级文艺骨干组成，各类人才济济一堂。本年级里杨钚的二胡是一绝，赵新顺、范长顺说的相声也广受欢迎。每到节日活动，文艺队都会有专场演出，可谓系里当时一大盛事。

解惑授业的老师

班主任王言书老师除了短暂外出进修学习的一段时间之外，可以说陪我们度过了4年的大学时光。王老师是林县人，为人善良正派,朴实无华,毕业后不久就做了我们的班主任。他对我们这些懵懂无知的学子从各方面都给予了极大的关心。他一副笑眯眯的模样,我们很少见他发脾气,即使偶尔黑下脸来,大家也没有胆战心惊的感觉。同学们年龄小,加上当时学校环境简单纯洁,接触外界的机会也不多,与王老师朝夕相处,自然受到他很大的影响,直到今天我们很多人的身上或多或少都有王老师的影子。

数学分析也许是最重要的基础课了,我们共学了两年。教这门课的老师前后有多位,计有吴继基、王丽敏、刘光耀、胡颜军、王明新诸位老师。我在留校后还有幸与吴继基、王丽敏老师成为数学分析教研室的同事。

和重点学校一样,系里对基础课教学下了很大功夫。当时有个流行的说法,就是把最好的老师放在基础课上!这几位老师讲课风格各异,但都深受我们的欢迎和尊敬。刘光耀老师喜欢和我们这些学生谈学习、交流思想,很关心我们的成长,同学们有事没事也喜欢和他在一起谈谈。毕业前夕,刘老师找到我,谈了许久,还问我毕业后的打算。他当时已是系里的副主任,那次谈话可能与我后来的留校有关。我毕业后和刘老师交往很多,出国后也一直保持着联系,可惜一直没有想到问起这件事。刘老师已经作古10多年了,心中对他充满深深的感激与怀念。

贾新琴老师给我们讲授解析几何。她当时三十来岁,端庄大方,讲课条理清晰,富有节奏感,说话也很有亲和力。我们是老乡,我对这门课很感兴趣,课前课后问过她很多问题。今年春节回去拜望了一些老师,她早已退休,精神很好,风采依旧。

徐兴臣老师讲授的是泛函分析。我对这门课极感兴趣,按规定毕业留校3年后,我报考了南开大学定广桂先生的研究生,专业方向就是泛函分析。只不过当时河大要求凡是考上研究生的青年教师,按省里政策一律代培,毕业后必须回校,我考虑到经济发展的需要,自作主张转成了经济数学方向,师从史树中先生。我那时经常向徐老师讨教,徐老师也对我青眼有加。留校后做助教时我曾经短期做过他讲授的泛函分析习题课教师。我讲第一节习题课时徐老师还亲自到场,课后还仔仔细细加以评点指正。

在家中欢迎河大代表团访美(前排左五为孙连志)

教常微分方程的赵祥林老师高高瘦瘦的,老是一副笑模样,偶尔严肃时也让人感觉他还在笑着。印象里他烟不离口,手里总是提着那只不知哪个年代的黑色手提包。赵老师风趣诙谐,乐观豁达,毕业后我和他交往颇多,渐渐成了忘年交,在一起时没大没小地开玩笑,天南海北地乱扯。我研究生毕业后又和赵老师一起到了新成立的财政金融系,在这期间他儿子赵涛又成了我的学生。这次回去我们相见,他已是82岁的人了,尽管命运多舛,但乐观依旧,还是那么可亲可爱。

后　记

我们这一届同学,在国家改革开放大潮涌起之时风云际会,在如歌的青春岁月里刻苦学习,探索求是,为后来的发展打下了坚实的基础。回想这些年来的全部学习经历,下功夫最大的也许就是这4年了。那时的河大还是师范性质,毕业后同学们大多在省内从事教育工作,为教育事业辛勤耕耘着。很多人后来继续深造,成名成家,但饮水思源,最难忘的还是陪伴我们度过青春岁月的母校,到哪里我们都以自己是"铁塔牌"为骄傲!

孙连志

河南省商丘市睢阳区人。1985年毕业于河南大学数学系,留系任教。1991年毕业于南开大学经济数学专业,获硕士学位,后回河南大学经贸管理学院任教。1996年任该学院副教授。1997年8月获奖学金赴美国马凯特大学工商管理学院攻读工商管理硕士,主修金融,其间任学生会主席。毕业后受聘于芝加哥大学金融研究中心,为该中心高级金融分析师。主要从事共同基金的研究,并建立Fama-Bliss股票指数系列,该指数被众多指数基金作为基准指数。2003年从芝加哥大学金融工程专业毕业,受聘于Nuveen(纽文)投资基金公司,先后就职于投资策略研究、风险管理和资产管理部门,历任高级定量分析师、基金运营经理,后任公司投资副总。为GARP(全球风险管理师协会)注册金融风险管理经理,并持有各类公司证券交易资格。历任河南大学美国校友会会长、芝加哥河南同乡会会长、美国多边文化交流协会会长、海亚置业公司总经理、河大美国校友会至善综合研究院院长等职。

河南大学把我推上书法讲坛

庞中华

享誉华夏的河南大学建校 110 周年了,学校的朋友约我给同学们写几句话,谈谈我与河南大学的渊源和友谊,我欣然从命。

我与河大的故事,要从 20 世纪 80 年代初说起。

1980 年 7 月,我的第一本小书《谈谈学写钢笔字》在文化前辈江丰、文怀沙先生的热心推荐下,由天津人民美术出版社出版了。那时适逢中国改革开放的春天,中国人特别是年轻人学习文化的热情空前高涨,《谈谈学写钢笔字》第一版印了 20 万册,不到两个月的时间便售罄了。接着一版接一版地加印,全国各地的读者来信雪片似的飞往出版社。当年 11 月 29 日,《人民日报》发表文章,对我的字帖和由此引发的"书法热"现象给予了热情的肯定与评论,《中国青年报》《光明日报》及河南、四川、江苏的媒体也紧随其后,给予了积极评价。

2011 年秋在哈佛讲学,展示来美国后新创的"中美体"书法作品

那时,我还是大别山深处的一个年轻地质队员。眼前的事让我激动,但又忐忑不安。对于书法艺术,我既非科班,也无家传,只

是一个孤独的自学者,在深山老林已度过15年时光,偶尔能到一次县城,都觉得新鲜奇异。

那真是一个"激情燃烧的岁月"!广播里天天唱着《在希望的田野上》《年轻的朋友来相会》等歌曲,让人热血鼎沸。那个时期,各单位经常邀请文化知识界或社会知名人士,到学校或机关礼堂讲演,常常人山人海,群情振奋,那场面实在动人魂魄。例如当年北师大教授"李燕杰讲演"、营口市教育学院讲师"曲啸演讲"、身残志坚的"张海迪讲演"等等,都曾经轰动一时、万人空巷。

万万没有想到,1981年4月,我居然也受到了邀请。河南最高学府——河南大学(当时名为河南师范大学,1984年更名为河南大学——编者注),通过共青团省委宣传部的朋友,打听到我在深山地质队的住地,盛邀我前去讲演。

这邀请让我既惊喜又紧张,心儿"突突"地跳。我从小性格内向,怯场,上学时从不敢举手发言。加上10多年地质生活,每天在深山老林穿行,与岩石泥土为伴,少言寡语,毫无语言表达天赋,绝非登高等学府大雅之堂的演讲之材。想着想着,心儿一阵阵哆嗦,害怕而且自卑。去吧,我心胆怯,不去,又怕辜负人家盛情,犹豫之际,我索性给北京的恩师文怀沙老人写信求教,希望文老告诫我:"中华,你才疏学浅,别去大学丢人现眼啦,就在太行山自修吧。"那样我就心安理得地推辞河大的邀请了。谁知文老很快回信:"中华,祝贺你!河南大学是中国名校,他们的邀请是对你最好的肯定。勇敢一些,不要放过动嘴动笔的机会。"文老还有句名言:"不怕怀才不遇,只怕遇而无才。"我的天哪!文老的信彻底断了我的退路。在河南大学和文老的双重鼓励与激励下,我决定勇敢地面对这场特殊的"赶考"。

我静心盘算了我的"家底"。第一,虽然从没登过讲台,但我从小在重庆市少年宫学拉手风琴,此后多次登台演出,这"舞台"经验和"讲台"经验可以共享,"教育学"上叫"迁移规律";第二,我从学生时代就爱写新诗、日记、笔记,对我写好"讲稿"大有裨益;第三,我在地质队办黑板报,写板书也得心应手;第四,20世纪80年代的大学生和我这个久居深山的地质队员,有许多共同的人生经历,我在深山自学的经历,会与他们产生共鸣。更重要的是,借此机会,我还可以向河大教授们拜师请教呢!

于是,在地质队简陋的小屋里,我写出了讲稿,激情澎湃地演练了两天,随后来到开封"上阵"。登上河南大学讲台的那一刻,是我一生中最难忘、最震惊的时刻,就像新兵上了战场,就要冲锋陷阵的那种感觉。

由于学校事先发布了海报,只有800个座位的演讲场地,那天至少挤进1000余人,走廊和窗户上都挤满了人,同学们踮着脚仰着脖子往里挤。年轻人沸腾的热情让我仿佛听到了自己的心跳。两个小时的讲座,一直在欢声笑语和一阵阵掌声中度过。汗透衣衫,意犹未尽,我在同学们的簇拥中走出礼堂,学校领导带着惊喜的目光笑道:"太动人啦!久经沙场的吧?"我一扫先前怯生生的窘态,顿时觉得身心愉悦,轻松笑道:"平生第一回讲演呀!这两天睡觉都提心吊胆呢!"

紧接着,学校和团委的领导来和我商量,说我的讲座在学生中引起了热烈反响,但全校8000名同学,只有1000多人听了,其余同学都羡慕不已,为此学校希望我在河大停留一周,到每个系给同学们讲一讲,满足大家的热望。

我为校领导和同学的热情所感动,立即给地质队领导发了电报,请假一周。在中原大地最高学府河南大学的校园里,第一个点燃了硬笔书法的青春火焰。开封是文化古都,我在河南大学讲演的消息立即传遍全市,又有十几所大中学校通过河大联系请我讲演,我心里像一团火似的炽热,觉得能用自己的知识为学生们服务,是多么幸福,又是多么有意义!

  在河大开始的书法演讲,是我生命历程中一个重要的起点。它让我了解了自己的潜力,鼓足了前行的勇气,化胆怯为勇敢,化自卑为自信。从此,带着这样的勇气和自信,我走遍了中国大地,在上千所的大学、中学、小学、工厂、机关和军营,激情讲演,传授硬笔书法。各地媒体纷纷报道,硬笔书法持续升温。1983年10月,中央电视台青年编导骆幼伟把我从太行山请到北京。随后在央视举办了持续5年的钢笔书法讲座,硬笔书法的热浪遍及神州大地。

  当此时刻,我对自己学识的肤浅和贫乏,充满深深的忧患意识,在这个被人们称作"知识爆炸"的年代,我独自在孤寂深山里学得的那点东西,犹如一个山里拾柴的孩子,偶尔捡到几个铜钱,很快就会花光,如不及时努力"补钙""充电",我就会很快成为昙花一现的人。为弥补先天的不足,必须每天努力学习。我用中国的毛笔和海内外生产的各种硬笔临写历代碑帖,让笔下的作品"既是传统的,又是现代的"。我从鲁迅先生那里学来,不只读本专业书法类的书,更读文史、科学、教育、艺术类的书,将各种知识互相"贯通""杂交""嫁接",找到新的创造和发现。根据文化前辈沈尹默、丰子恺、钱钟书先生等关于"书法和音乐相通"的论述,我在书法教学实践中,总结并创造出用音乐元素解释书法,并为书写伴奏的"快乐书法教学",让学生在愉快的音乐声中练习写字,既轻松愉悦,又能快速见到学习成效。我的"快乐书法教学"备受欢迎,中央电视台、中央科学教育制片厂等多家媒体为我拍摄了4套教育节目。

  我从小读古诗文、民歌、现代新诗,然后创作现代诗《钢笔书法之歌》《粉笔之歌》《铅笔之歌》,以及歌颂改革开放新时代的诗歌,然后用我的字写在一本本《庞中华钢笔字帖》上,深受读者喜欢。

  由于音乐是"世界语言",从1986年起,我带着自己独创的快乐书法,远赴日本、韩国、土耳其、俄罗斯等地传授中国书法。从2011年开始,我又来到大洋彼岸的美国,在哈佛大学、哥伦比亚大学、普林斯顿大学、纽约大学、华盛顿大学等美国名校讲演,引起热烈反响。没想到的是,在美国我再次结下了与河南大学的美好缘分。那是我刚到纽约不久,在朋友梁卫宁医生的宴会上,一位风度翩翩的中年女士热情地对我说:"庞老师,让我叫你一声庞老师,因为30多年前,你到我的母校河南大学,为我们做了一场精彩的演讲。当时我就坐在第三排座位上。"随后,她愉快地回忆起那天的往事。席间梁医生向我介绍道:"这位宋南希女士是纽约的杰出人士,现任美国中华召车公司老总。"谈笑间,我们都感叹人间的善缘奇遇。

我要感谢河大,第一个把我推上大学讲坛;我还要感谢河大,是她的美国杰出校友翟莹女士,第一个把我推上纽约联合国总部的书法讲坛。

翟莹是河大优秀毕业生中的佼佼者,后获哥伦比亚大学硕士学位,以优异的成绩进入联合国前秘书长潘基文办公室任职。当她听到我在哥伦比亚大学、哈佛大学讲演的信息后,立即同联合国中文部负责人何勇先生、联合国中国书会会长温学军先生沟通,盛邀我到联合国讲演。2011 年 12 月 9

2012年4月初,庞中华夫妇在联合国大楼前合影留念

日,我以《中国书法传播大爱》为题,第一次登上联合国的讲坛。在听众热烈的掌声中,何勇先生当即以"联合国中文部"名义,邀请我开办联合国书法班。在何勇、翟莹、温学军、陈峰等联合国众多友人热心的协助下,2012年6月29日,历时3个月的联合国书法班圆满结业,并在总部举办"联合国书法班结业汇报展览"。潘基文派助手南威哲副秘书长主持结业典礼,并发表热情洋溢的贺词,亲自为学员颁发证书。中国硬笔书法进入联合国,写下了中国文化走向世界的精彩一页。

值得一提的是,翟莹和她的先生马粤还是纽约美国华界的杰出领导人,翟莹曾是河南大学美国校友会的第四任会长,马粤是纽约中国和平统一促进会的领导者。在各种公益活动中,常会有这位俊秀的河南女孩翟莹和帅哥马粤的身影,尤其是疫情在国内肆虐的2020年,我目睹他们动员纽约华界及河大校友为祖国人民及母校捐赠资金和防疫物品,为祖国夺取抗疫斗争的胜利做出了贡献,感人至深。

为联合国中国书会题词(从右至左:时任联合国中国书会会长温学军、庞中华、第四届河大美国校友会会长翟莹)

2017年4月,我再次应邀在联合国每年一度的中文日活动开幕式上,举办了《联合国庞中华书法艺术展》。此后,纽约"世界艺术中心"为我颁发了"终身成就奖"。

我特别感谢感念河南大学,还有一个特殊原因:我的太太就是一位优秀的河大学子——河大艺术系1970届毕业生,她就是河南省歌舞剧院著名女高音歌唱家王昌芝女士。经过河大5年的培育,加上自身努力,她成为国家一级歌唱家、河南省第七届政协委员和第八届全国政协委员。王昌芝于1985年参加全国首届民族唱法大赛,获得了铜奖的优异成绩(金、银奖得主分别是彭丽媛、董文华)。中国唱片总公司为她发行的《河南民歌专辑》获金奖提名,填补了中国民歌的空白。王昌芝也可称为河大的骄子,她有坚定的志向和河南女性勤劳、善良、朴素的优点,正是在她的鼓励和帮助下,我度过了人生中一段艰难的岁月。她甚至在自己的歌唱事业处于辉煌的时期,毅然放弃,转而支持我在海内外开展硬笔书法教学活动,整理一本本书稿。乃至我在中国国家博物馆、中国人民革命军事博物馆举办的20周年、30周年个人书法大展,及在联合国举办的教学和书法展她都参与组织和实施,每个细节都倾注了她的心血。没有她,我难以走到今天。感谢她,也感谢河南大学。

这么说来,我的身份应该和河大更近一层了吧?我应该算是河大的女婿、家人了吧!值此河南大学110周年校庆,河大校友翟莹女士热情向我约稿,又使我回想起41年前应邀赴河大参加那场"特殊高考"的情景。如今拉拉杂杂写下这些文字,权当41年后给河大的老师和校友交上的又一份"答卷"吧。

2022年8月27日于北京

庞中华

著名书法家、教育家和诗人。第七届河南省政协委员,第八届全国政协委员,中国硬笔书法协会创会会长、终身名誉主席,河南省社科院研究员兼硬笔书法研究所所长,国家开放大学特聘教授,西南科技大学"庞中华书法教育研究院"名誉院长、特聘教授等。

自1980年始至今已有430余种专著问世,包括书法理论集、诗集、散文集、作品集等,总印数已突破数亿册,成为几代中小学生习字课本、中国人家庭必备藏书。

开了在中国中央电视台举办硬笔书法讲座之先河,仅首次于1984年开播的《庞中华钢笔书法讲座》就在黄金时段连续播放5年之久,听众以千万计,掀起中国硬笔书法的热潮。

创办的"庞中华硬笔书法中心"及学院,迄今已培养学员200多万人,桃李满天下。独树一帜的"快乐教学法"曾登上热搜,在全国和美国、日本、德国、土耳其,以及东南亚国家的世界级名校义务演讲数千场;并于2012年应邀为联合国官员举办为期3个月的书法培训班,被誉为"明星导师"。

曾在中国国家博物馆、中国人民革命军事博物馆,特别是2017年4月再次受邀在"联合国中文日"的盛大节日里,隆重举办《庞中华书法艺术大展》,引起轰动。其精美作品独具个性,成为珍贵的艺术藏品。

40多年来,中国硬笔书法事业始终和庞中华的名字连在一起,其重要贡献是在中国书法艺术长廊里,为硬笔书法树起了一座灿烂的丰碑,影响了几代中国人,被誉为"中国硬笔书法第一人"。

大洋隔不断的家国情怀

翟 莹

由于工作和生活的原因,我时常会到不同的国家和城市短居或长住。紧密衔接的旅程间隙,有个念头时不时出现在脑海:今天的我,是否实现了曾经的梦想?昨天的自己,是否会满足于现在的我?思绪飞扬,我不由自主地回忆起在河南大学就读的青葱岁月和美好时光,河南大学是我的学习目标和人生规划得以确立和升华的地方,那是我的梦想启程的港湾。

在国外生活的岁月里,我经常想念在河大读书的美好时光,河南大学为我们这些莘莘学子提供了安稳宁静的学习环境、丰富多彩的课余活动、精彩纷呈的专题讲坛、健康营养的食堂饭菜。清晨伴着鸟鸣走在校园里听英语、练阅读,傍晚遥望夕阳思考课题研究和论文架构,冬天踏着厚厚的积雪沿着东西十二斋走去大礼堂参加文娱比赛,夏日漫步在垂柳依依的河岸旁……这些深埋于日常生活琐碎里的点点滴滴,都成为日后令我感动怀念的珍贵记忆。

河大哥大,让梦想展翅飞翔

从少年时开始,我就有一个到国外高校研修的学习目标,我渴望到外面的世界走一走、看一看。在河南大学里的学习和成长,则成为我实现理想和走向世界的桥梁。

母校河南大学为学子们提供了安静舒适又兼容并包的学习环境,组织了很多有意义的文娱活动和学术论坛。我的辅导老师杨莉萍女士，曾在我困难、迷茫时给予我指导、帮助和鼓励，让我更加自信和坚韧，并对自己的人生目标更加坚定。

申请国外大学的时候，个人陈述部分非常重要，因为我需要把我最精华的东西拿出来，让完全不懂我的语言文化的人在看到简历时可以认识我、认可我。因此，大学的时光如何度过，对我来说特别重要。申请课题研究、参加高规格的英语演讲比赛……河大丰富的资源为我提供了更多锻炼的机会，这段多彩的经历也让我在申请美国名校时言之有物，从而将主动权掌握在自己手上。2005 年我从河南大学教育科学学院教育学专业本科毕业后，就如愿以偿地前往美国哥伦比亚大学留学。

我在哥伦比亚大学主修国际与跨文化研究。为了更好地教学和言传身教，学院经常邀请联合国高级官员去做演讲。科菲·安南，一个给了我精神冲击和激励的人，在我留学时期任联合国的秘书长。2005 年 9 月，那是我第一次以学生身份注册参与全球首脑论坛，我坐在第二排，从安南先生徐步进入会议现场开始，我的目光就始终没有离开他。安南先生在会议论坛上的淡定、从容，让我意识到自己还有很长的路要走，来到美国读书并不是终点，只是刚刚开始。

如果说与安南的邂逅是为我种下一颗"联合国之梦"的种子，那么联合国人事部门带来的招聘信息就是给了我一双寻梦的翅膀，照亮了我前行的方向。虽然应聘过程并非一帆风顺，但我还是依靠在河南大学和哥伦比亚大学打下的扎实的学识基础以及平日积累的工作技能，通过层层选拔，拿下了生平的第一个正式工作职位，迈出了实现梦想的第一步。

2006 年我进入联合国工作，先后任职于联合国新闻部、联合国前秘书长潘基文办公室、联合国政治事务部、联合国信息技术管控厅等部门，现任职于联合国大会与会务管理部文件司，担任中文处文件编辑和出版室主管,负责中文版联合国官方文件的编辑和出版工作。工作之余,我积极参与社会公益活动,并被选举为第四届河南大学美国校友会会长。

在国际化的环境当中,我时时留意、处处留心、事事努力,胸怀志向,不忘初心。当年,我是当时中国同事中年纪最小的,刚开始工作时难免不自信,也更深刻地理解到自己虽有理论学识,但缺乏实践经验,所以我需要更深入、更系统地学习和锻炼。就这样,一步一个脚印,我也一步步从青涩走向成熟,从不自信逐渐变得自信从容。数年间,通过日复一日地努力和兢兢业业地工作,我不仅参与了许多国际事务的谈判与斡旋,也参与和主持了不少国际项目,促成和见证了一些有积极历史意义的事情。联合国特有的兼容并包、尊重多样、注重沟通等工作方式,心怀天下、兼济天下的情怀,救助贫困、阻止战争、博爱开明的价值观,都是让人格外珍惜和感动的,也是我在这里最大的感触和收获。

工作留影

在联合国这样一个国际机构工作,有时也会遇到一些小插曲。工作初期,看到我的东方人面孔,有人会问:"你是日本人吗?"我会快速回答:"我是中国人。"他们又问:"中国什么地方?"再答:"中国河南的。"他们继续问:"而河南在中国的哪里?"看来他们对我的来处很感兴趣。"在中国的少林寺所在的地方。"我会自豪地回答。如果他们要是再不知道的话,我就索性给他们展示一段武术看看。就这样,联合国的同事们熟悉了我,也生动形象地把河南、少林寺和中国功夫联系在了一起。

凭借自己坚持不懈的努力与日益增长的能力,我渐渐在工作岗位上树立起了不卑不亢、大气智慧、幽默风趣的风格,也可能在某种程度上为河南家乡和母校河大树立了良好的品牌形象。为此,我时常感恩也感谢家乡和母校的深厚底蕴在我身上留下的深刻印记。"明德新民,止于至善"的教诲,也已经潜移默化到了我日常工作和生活的点点滴滴。

我们是行动者,不是旁观者

虽然一直在外工作,但我始终心系家乡和母校。新冠肺炎疫情在祖国初发时,作为当时的河南大学美国校友会会长,我迅速召集了美国校友会理事会扩大会议,并成立了支援祖国和家乡抗疫的募捐团队,号召在美河大校友和华侨华人支援中国、支援河南。遍布在美国的河南大学各届校友纷纷响应,真情援助。我还带动了很多联合国的同事捐款,并获得了上海、浙江河大校友们的大力支援和配合,展现了我们在美校友和华人华侨同心抗疫的真切情怀和爱心。

2020年2月初新冠病毒肆虐,从武汉向河南家乡蔓延,临近湖北的信阳、南阳等地医疗物资处于极度匮乏的状态,有的医院物资仅够维持一天,加之春节期间疫情严重,国内尚未复工生产,导致河南家乡的信阳、南阳、驻马店等诸多地区的防疫物资告急。心系祖国,情牵故园,面对此情此景,我和时任校友会副会长贾新峰师兄忧心如焚,坐立不安,在2月4日晚上紧急召集校友会理事会扩大会议,邀请理事们和顾问们建言献策,商讨如何快速筹款筹物,并迅速组成支援祖国和家乡抗疫的募捐团队,号召在美河大校友和诸方华人华侨捐款捐物,驰援祖国、支援家乡。

2020年筹措防疫物资运往中国

疫情突发,时间紧迫,我们在与时间赛跑。2月4日召开理事会扩大会议的时候,几位比较有经验的理事和顾问都说,短时间内筹集大批防疫物资和善款是不容易的。我也有点担心这次募捐能否成功,所以更加全心全力投入,与各方合作不断地号召倡议,先带头捐款1000美元,时任总顾问孙连志也迅速带头捐款1000美元,副会长贾新峰,理事顾问团队的付品德、胡世雄、魏婉晴、张力凡、孙国平等也积极快速响应募捐。随后,诸多在美校友踊跃捐款。校友尚楠还积极募集防护物资,捐出了珍贵的口罩和其他防疫物品。我的许多在联合国工作的同事看到校友会在积极募捐筹款、筹集救援物资,也纷纷询问关怀、积极踊跃地参与进来。华南理工大学美国校友会的负责人王文海先生也关注到了我们校友会的募捐活动,并主动联系我询问相关情况,表达信任和关怀。经过沟通,华南理工大学美国校友会募集5000美元善款,且在第一时间捐给河南大学美国校友会定向购买防护物资支援一线抗疫救援。募捐活动的进展迅猛有效,也得到了纽约地区新闻媒体和侨社侨团的重视,渐渐地,也得到了更多的关注和认可。河南大学1970届艺术系校友王昌芝和她的爱人、著名书法家庞中华先生捐款10000美元帮助河南抗疫,这笔善款真是及时雨,大大增进了我们募捐的信心和力量。河南大学上海校友会刘强秘书长得知我们的筹款公益活动,也积极发动上海、浙江等地的校友捐款,这才促成了我们在2020年2月底完成了第二批募捐和物资援助。捐款无论多少都是爱心的表现,所以不能有丝毫差错,我和理事魏婉晴师妹每天不管多晚都要逐笔核对,确保善款和物资的数据正确,并及时向社会大众予以公示。理事安梁师弟负责每天通过公众号发布信息,让所有捐款人和关注我们校友会募捐活动的社会各界友人能够第一时间了解募捐动态、善款使用情况、物资运送和接收情况等。我们对待募捐款项和救援物资一丝不苟的认真态度和兢兢业业的实际行动,得到了大家的认可、赞许和支持,也让河南大学美国校友会顿时得到了广泛关注和赞许。

　　善款到位后,最大的难题是物资采购。我和副会长贾新峰师兄千方百计地动员各种人脉、各种资源,打听各方物资渠道。但在此之前,采购也首先需要和家乡的10多家医院和机构沟通,确认所需要的物资和数额,然后动员和协调大家在美国各地进行采购。我清楚地记得是2月8日下午,我的联合国同事邸小倩帮忙联系货源,她在远离市区Riverhead的Costco找到了医用防护手套,为了不耽误时间,我请她帮忙买下全部的24万只手套,并致电贾新峰师兄一起驱车前往搬运。当我们驱车1个多小时赶到时,发现当时的两部车还是装不下,我又赶紧联系朋友们开了一辆更大的SUV车过来,就这样,我们一共3部车、7个人才将物资全部装完运回。此时已是晚上8点,皓月当空,我们3部车鱼贯而行,在495

号高速上奔驰,后来我们才知道这天是农历元宵节,顿感思乡情切。我们在家乡亲人们过节的时候仍在忙碌奔波,为援助家乡抗疫献上绵薄之力,内心颇感安慰。

河南大学美国校友会向河南捐赠并运送第一批防疫物资

就这样,运用"聚沙成塔"和"蚂蚁搬家"的方式,截至2020年2月26日,河南大学美国校友会组织的募捐行动在短短的3周时间里,接收捐款和捐物总价值约合人民币348994.54元。募款总额299994.54元人民币,其中包括29839美元和91121.54元人民币。接收的各方捐赠物资总价值约7000美元,约合49000元人民币,共计2317件。组织了两批物资运送国内,第一批捐赠物资共计221357件,第二批捐赠物资共计224414件。截至北京时间2020年2月23日24:00,第一批物资除了信阳固始县、新县2家医院的物资(共计6箱)由于道路管制暂时无法邮寄,其余45箱手套、口罩和医用消毒片已发往信阳市中心医院(6箱)、信阳市第五人民医院(3箱)、南阳市第六人民医院(3箱)、南阳市第一人民医院(3箱)、河南大学教育发展基金会(8箱)、河南大学淮河医院(1箱)、郑州市第一人民医院传染病医院(8箱)、河南省职工医院(6箱)、南阳桐柏县人民医院(2箱)、南阳唐河县人民医院(2箱)和信阳罗山县人民医院（3箱）。第二批物资包括40000只医用丁腈手套、540只N95-9520N口罩、960只SAS N95-8617口罩、300桶（每桶425张）杀菌消毒纸、50000只医用鞋套、5310件成人纸尿裤、22只Braun（博朗）红外线体温测量仪、4只Braun额温测量仪、10个非触式额温测温仪、28个额温枪、4只电子体温计和36个血氧仪，在稍后时间均安全、准时运达国内。

2月26日，当第二批援助物资的120多箱防疫用品搬上货车后，我还不放心地检查是否有疏漏，不由得对身旁的几位志愿者说："昨天晚上忙到凌晨3点，脑子都转不动了，捐到国内的货物需要在每箱贴条、准备很多文件，想不出怎么写的时候还要半夜问我的先生马粤。"

河南大学美国校友会向河南捐赠并运送第二批防疫物资

防护援助物资采购和办理国际快递运送令我至今记忆犹新。我的先生因工作关系经常出差，2月20日他刚下飞机回到家就被我拉着到处采购消毒防护等用品。由于时间紧、任务重、人力少，我们的副会长贾新峰师兄、我的同事陈可风夫妇以及邻居Judy女士也经常作为志愿者来帮忙，我们一起分类、装货、封箱、贴条……经常会忙到半夜，等到夜深人静的时候，我才能静下来整理和填写各类文书材料，有时候也会彻夜与国内机构联系沟通运送和通关事宜。平时大家上班都忙，我经常和各地的理事和校友沟通，请他们利用下班后的休息时间帮忙去各地采购防护和援助物品。在加州的校友张力凡利用休息时间开车3小时去买口罩,为的是能尽快赶上第一批国际快递,将防护口罩运送到河南的医院。为了赶上第二批国际快递将仪器送到等待物资的医院,在康州的张子昊跑了好几家药店,采购了血氧仪,然后专程坐火车亲自送到纽约。

物资空运回国是非常烦琐的,一点也不能怕麻烦,还需保持头脑冷静。我们看到有些社团采购了物资运不回国内或运输耗时甚久,心下十分着急。经过大家的不懈努力和沟通,联系中国驻纽约总领事馆开证明办理国际物资通关,联系物流公司提货送货,联系河南省外事办、河南省侨办、河南省总工会等机构协助,联系河南省慈善总会统一接收再分发,联系医院确认各自的接收数量,联系报关公司报关,联系航空公司填写各种表格,联系郑州航空港帮忙运输,如此等等各项事宜,举不胜举。

我在采购物资时会拍些照片在校友群发布,或者在校友会微信公众号上对外界公示。上海校友群的校友们看到了我们采购、分装和运送物资的照片,纷纷点赞。母校书记、校长及各位领导对我们的鼓励和赞许更是至今令人难忘。

身为校友的河南省外事办郭俊锋先生以及在美国的许多校友也给予我们校友理事会极大的鼓舞和宽慰。校友会不仅陆续收到各个受捐医院发来的一封封热情洋溢的感谢信,还得到了中国驻纽约总领事馆颁发的褒奖状。这些肯定和鼓励增强了校友会理事们、校友们、广大志愿者和朋友们不断坚持善举的动力和正能量。

抗疫取得的成果,是我们大家同心同力、团结一致的成果,自始至终,我们并肩作战,一起奋斗,非常感谢在行动上给我大力支撑、精神上默默支持我的河大校友们和联合国同事们。许多校友和志愿者们在不同的城市搜寻符合要求的物资,咨询医生、咨询律师、咨询有经验的志愿者,或快递,或自驾,只要是能为在疫区一线奋战的人们带来帮助和慰藉,大家都可以风雨无阻、勇往直前,大家是在身体力行地谱写"一方有难,八方支援"的美德。校友们说:"明德新民,止于至善。我们是行动者,不是旁观者。我们众志成城,必将围歼魔患。"

守护留学生,"在一起"的日子

2020年3月份开始,当许多在美华裔朋友仍在倾尽心力为国内疫区捐款捐物的时候,美国的疫情突然急转直上,感染和死亡人数每天成几何倍数增加,各种新闻让美国民众看得胆战心惊,各类消息鱼龙混杂也真假难辨,这无疑给远在万里之外的国内亲朋们带来很大的冲击,无数人辗转反侧,彻夜难眠。

河南大学美国校友会当时仍在全身心地关注着我们的第二批定向捐助河南地区的救援防疫物资,并焦急地协调着通往各医院和机构的运输,期待着他们确认收到各类物资,也好让广大爱心人士的关怀与期盼尽快抵达。在河南省总工会等机构的大力协助下,物资陆续抵达,与此同时,国内疫情也开始有所好转。就在我们校友会的理事们、会员们、志愿者们以为能够稍微喘口气的时候,却发现周边环境已然成了疫区,尤其纽约又是美国最先确认的重灾区,紧张情绪可想而知。3月中旬开始,基本的防疫清洁物资,比如酒精、消毒纸、洗手液、口罩、手套、厕纸等曾经最常见的生活用品已经一售而空,紧接着就是公共交通停运,公司、餐馆、超市等关闭,政府、学校等宣布关闭并开始远程办公或授课,疫情严重的区域开始了宵禁……一时间,城市停摆了,拥挤的街道空了,乡村更加寂静了,而医院则成了最忙碌的地方,也是最让人望而生畏的地方。口罩告急,防护服告急,医用物资告急,医护人员数量告急,警务人员告急……美国不同的州和城市对此次疫情有着诸多不同的理解和对应措施,许多地方在当时不够重视病毒传播的严重性,管理和防护不到位,外加一些地区治安恶化,在美的几十万留学生、访问学者及其家人们也开始心急如焚,国内的千百万家人们更是如坐针毡。

  河南大学美国校友会的理事们来不及停歇片刻,立即着手开始协助有困难和需要帮助的校友们。河南大学党委书记卢克平、时任校长宋纯鹏、校友总会刘波主任等许多母校领导也在第一时间送来问候和关怀,叮嘱我们保重身体,注意防疫抗疫,并推荐了母校附属医院援鄂医疗队的专家给我们提供远程的专业医护指导。3月底4月初,国内的口罩生产力逐渐恢复,疫情也有所好转。在美校友们急缺防护口罩,不少校友在学习、生活等方面无法得到有效防护,还有些校友患病需要往返医院。得知此类情况后,母校河南大学以最快的速度给我们快递了4000个防护口罩,这无疑解了我们的燃眉之急,真是雪中送炭。中国驻纽约总领事馆对河大美国校友会在2、3月份积极支援国内防疫抗疫的行动一直深表赞赏和感谢,在得知我们有许多河南籍和河南大学在美留学生访问学者生活遇到困难后,也将第一批"健康包"委托我们发放捐赠,为许多年轻和年长的朋友带来了温暖和希望,也带来了安全感。我们校友会理事会也以最快的速度统计急需口罩和防疫物资的校友及其家人、留学生和访问学者名单,或邮递,或亲自送至家门口。4月中旬,当纽约基本封城、邮递困难的时候,我和时任校友会副会长贾新峰先生驱车前往已然空城的纽约等诸多地方,寒风瑟瑟中兜兜转转,将口罩和"健康包"一个一个送给等待光明和希望的朋友们。由于人数多且居住地点分散,我们在外连续奔波了8个多小时,饿着肚子在黑暗的旅途上奔驰到凌晨。可是我们觉得特别荣幸,能够在这至暗时刻成为逆行者中的一员,微笑着在冰冷的夜空中划亮一根小小的火柴,照亮也温暖着一个个可爱却有些受惊的脸庞,我们特别欣慰,至暗时刻,不再孤单。"明德新民,止于至善",我们是行动者、践行者。

然而随着疫情在美国的迅速蔓延，越来越多的朋友需要得到帮助，纽约之外也还有更多的城市遭受重创，除了河大校友以外还有许多同胞尤其是河南籍的同胞希望可以守望相助、抱团取暖。于是我们建立了"守护河南留学生"和"守护河南留学生——家长朋友"等4个微信群，立即行动起来，帮助更多素未谋面却血脉相连的在美同胞们。微信群成立后的短短几天内，就有近千人陆续加入，提出各种问题和需求，表达许多困惑和感伤，也感谢我们的群让疫情期间漂泊在外的人们能够找到家的温暖和力量。每一个群都有管理员，特别感恩贾新峰师兄和姜冬梅博士一直与我并肩而行，我们日夜兼程、24小时轮替守候，不错过任何一个求助人的诉求，及时提供任何可能的帮助，并将疫情和相关中美防疫政策的官方咨询第一时间发到群里与大家分享，让留学生、访问学者们能够得到及时有效的咨询和帮助，也让远在国内的家长朋友们逐渐安心。

守护群，两年多的许许多多个日日夜夜，我们共同坚守，共同守护，相互支持，相互帮助，彼此宽慰，彼此依靠。这800多个风雨兼程的日子，见证了我们河南大学美国校友会从疫情初期就赋予自己的责任——"我们是行动者，不是旁观者"；我们也用实际行动践行着河南大学的校训——"明德新民，止于至善"。遥遥相望，与子同袍；风雨同舟，共待天明。守护行动，仍在继续。

"守"和"护"，这两个字的责任沉重。守，是让大家知道有一个团队一直都在身旁，有困难可以求助，有疑问可以得到解决，有郁闷或开心之事可以倾诉，有一个"地方"可以依靠。护，是要主动了解大家的困难或诉求，最需要什么，最担心害怕什么，最想要实现什么，最脆弱的时刻是什么，然后"对症下药"，提供物资和法律支持，提供最新且正确的资讯，增进自助的信心，协助留学生和国内父母的沟通并增进相互理解。守护，许多时候是我们在群里与大家的探讨、沟通、分享,但更多时候是收到许多素未谋面却充满信任的朋友私信的求助。我收到了各种各样的求助信息,也越来越了解各年龄阶段的朋友们在疫情各阶段的需求、困难和迷茫。

  守护群成立初期,当时我们有一位校友和他的家人都确诊感染了新型冠状病毒,而且情况危重,情绪不佳,当时缺乏口罩、消毒水和基本的对症药品,连续几个夜晚,我们和他电话连线,陪伴并了解病情及进展,请医生在线问诊并提供自救指南。我们发动校友帮助寻找家用呼吸机和对症药品,很快就联系上了可以提供呼吸机的药房和可以捐赠药品的医生,同时还有包括河南大学淮河医院在内的 5 位国内外呼吸科医生帮助提供线上诊疗和指导。后来,美国多地出现大规模游行,有些地区出现暴力事件,烧杀抢夺事件频发,宵禁效果受限。我们不断地在群里发布最新的各地情况和新闻、美国防疫政策和要求,指导大家在大规模暴力示威游行的情况下如何防护和自助等。有一次一位留学生亲历了宵禁情况下的暴力事件并发了条消息在群里,马上就有很多群友在线关注、问候、协助、陪伴,直到这位学生确认安全回到家。还有些年轻的留学生和国内的家长朋友私信询问美国的状况,并表达无尽的担忧和恐惧,我们耐心倾听,温和开导,建言献策,帮助寻找最切合实际的应对现状的方法。得知有的学生患上抑郁症,我们马上寻找可靠的心理咨询师并推荐一对一帮助,同时,河南大学推荐了心理和教育专家,为大家在线讲座和线下辅导。我们深受感动和鼓舞,黑夜的路上,我们并不孤单。慢慢地,通过微信守护群,我们了解到了大家不同的诉求,也都力所能及地逐一解决。比如,需要口罩和"健康包"的,我们自己出资一批一批地给大家邮寄,还请志愿者朋友们帮忙开车到新泽西、长岛等地方送到家门口;需要购物网站和送货信息的,我们鉴别并推荐可靠的网站、App 或微信群;需要解决紧急回国问题的,我们协助联系使领馆,并第一时间将包机回

派发"健康包"

国信息转发给大家;需要解决机票和咨询的,我们直接询问航空公司并将相关准确信息发布到群里;需要解决证件问题的,我们协助查询或提供正确的联系信息;需要解决法律问题的,我们联系并推荐免费服务的可靠律师;需要解决人身伤害和困难的,我们协助联系当地警察和华人团队,尽快提供帮助和安抚;需要求职就业和解决身份问题的,我们请专家解读就业政策、就业形势和移民身份政策,并提供可靠且便捷的求职招聘信息,为留守美国或已回国的朋友们提供职业指导……这一桩桩、一件件,见证了河大美国校友会理事会和守护群志愿者们无私无畏、兢兢业业的服务和贡献,不求声名显赫,只求问心无愧。

河南大学美国校友会在中国纽约总领事馆、河南省外事办、河南省侨办、河南大学等机构的支持下,在疫情最严峻的时期,为留学生访问学者朋友们举办了9场专家主题讲座、1场线上信息分享会,多层次、全方位地专业解答在美留学生们面临的实际问题,帮其解燃眉之急,并协助广大河大校友和豫籍侨胞更顺利平稳地度过此次疫情。"医疗健康专场"由河南大学淮河医院院长张祎捷教授介绍新冠病毒传播和疾病防控以及医学专家建议。"法律专场(一)(二)(三)"分别由在美资深的陈美律师、孙澜涛律师和梁仲平律师切合实际地解答当前疫情下的各类法律困惑并提供专业法律指导。"心理教育专场"由河南大学教育科学学院王瑶教授和李永鑫教授在线进行心理指导和辅导,在疫情下做好心理调适。"求职就业专场(一)(二)"分别由 Chubb(丘博)集团主权风险担保公司副总裁马粤先生和前联合国人力资源厅的对外联络主任 John Ericson 先生全面分析世界经济形势、国际机构设置和入职要求、美国金融行业求职问答等,全方位地提供在线求职就业指南并简要分析中美关系。"快乐书法专场"由中国著名书法家庞中华老师在线讲授中国书法历史以及硬笔书法的乐趣,教导大家要积极乐观地应对疫情。"专业知识与经验分享专场"邀请了临床心理学教授宋志颖博士和美国中医专家张德超先生,生动而专业地讲解快乐心理、积极减压,并介绍增强抵抗力和应对新型冠状病毒病的中药疗法。我们还参与支持了《家庭教育的挑战与契机》的线上讲座,主讲嘉宾是河南大学著名校友、美国哥伦比亚大学教育学院的林晓东教授,他深入浅出地讨论了家长与子女的相处之道,以及在困境中的耐挫教育。在举办各种各样的网络专场讲座的同时,我们也收到了来自母校河南大学王立群教授发来的亲切的视频问候,他肯定了大家积极抗疫的巨大贡献,也送来美好温馨的祝福,并加入了"守护河南留学生"微信群,与大家亲切交流,畅谈诗词。

  在过去的日子里,不管情况如何变化,我们都持之以恒地行动着,守望相助着,爱着,温暖着,守护群成了许多人的港湾,自愿随时停靠,也欢迎各种爱心支持。非常感谢中国驻纽约总领事馆在捐助"健康包"之后又援助了防护口罩、手套、体温仪等防护物资,也非常感谢河南省外事办、河南省侨办等机构及时为我们河南籍侨胞、留学生、访问学者等寄来了数千个防护口罩,为广大豫籍侨胞送来了心灵的慰藉。"菰米家乡意,明月总关情""同气连枝,守望相助""悠悠天宇旷,切切故乡情""与子同袍,大爱无疆"……这些伴随着援助物资一来一往的温馨词句,传送着家乡人的盼念,也诉说着离乡人的衷肠。在疫情反反复复的沼泽里,我们一起用爱心守护,给在美留学生带来温暖、爱护和希望。

中国驻纽约总领事馆黄屏总领事,邱舰副总领事(时任),侨务组和教育组的主任、参赞与工作人员们对我们河南大学美国校友会的志愿服务和爱心援助工作一直给予热忱的关注、支持、协助、鼓舞和肯定。8月初,河南大学美国校友会荣获了总领事馆多项嘉奖,表彰我们在援助中国抗击新冠肺炎疫情过程中的突出表现,感谢我们及时向海外中国留学生施以援手,并团结一致反对歧视华裔的言行。黄屏大使在其亲笔签名信上写道:"面对严峻疫情,贵会挺身而出,积极响应中国驻纽约总领事馆发出的'爱心守护,同心战疫'结对帮扶倡议,想方设法帮助海外中国留学生解决实际困难,安抚家长焦虑情绪,用真情和大爱为留学生撑起一把'爱心伞',赢得留学生和家长的高度赞誉。谨代表总领事馆向贵会致以最诚挚的感谢!"

家国情怀,大洋阻隔不断

2021年7月下旬,罕见的特大暴雨袭击河南,郑州、新乡、周口等地相继受灾,灾情极为严重,不同地区的乡亲们在暴雨和洪灾中经受磨难,有些地区基本生活物资严重匮乏,百姓性命攸关。面对突如其来的洪灾,河大美国校友会理事会即刻动员在美校友们关注家乡,关心受灾同胞,立即行动起来筹集善款和购买救援物资,并协助美国不同地区的河南同乡会募集善款,汇集信息与援助物资,也积极动员与配合海内外校友参与灾区救援。一周时间内,我们校友会募集到26620元人民币和4166元美金(折合人民币26666元),约合人民币共计53286元。7月30日至8月1日,通过多方协调,在河南大学校友总会的支持和帮助下,美国校友会与鹤壁地区校友和志愿者们取得联系,通过他们马不停蹄、昼夜兼程地辛苦奔波,快速在当地采购各种救援物资,联络浚县村镇,安排运输接送等事宜。经过大家的高效行动和不懈努力，救援物资在8月1日顺利送抵受灾严重的鹤壁浚县。我们的爱心和情谊，为当地村民们顺利度过洪灾提供了很大帮助，也得到了村民们的感谢和认可。

在担任第四届河大美国校友会会长期间，我很感谢贾新峰师兄作为副会长勇挑大梁、时刻相随，也非常感谢校友会理事、顾问们不吝赐教、大力支持，大家能够一起勇敢面对疫情和洪水等灾难，以实际行动证明了"铁塔牌"学子的价值。

从河南大学到哥伦比亚大学，从中国到美国，再到联合国，家国情怀始终在我的心中闪光。我始终提醒自己，坚守初心，不能忘本，在任何领域都竭尽全力，做到最好，胸怀善意，心怀感恩，常怀赤子之心，不忘家国情怀。作为河大校友，我也始终铭记"明德新民，止于至善"的校训，继续在国际舞台上贡献自己的一份绵薄之力，展现一份有温度的女性风采。

在母校河南大学110周年华诞即将到来之际，我为母校送上最诚挚、最美好的祝福："110年传承，110年辉煌，祝福母校110华诞生日快乐。愿母校鹏程万里，再续华章！"

翟　莹

河南大学教育科学学院2005届教育学专业本科毕业生。毕业后，前往哥伦比亚大学留学深造。2006年开始先后任职于联合国新闻部、联合国前秘书长潘基文办公室、联合国政治事务部、联合国信息技术管控厅等部门，现任职于联合国大会与会务管理部文件司，担任中文处文件编辑和出版室主管，负责中文版联合国官方文件的编辑和出版工作。工作之余，积极参与社会公益活动，担任第四届河南大学美国校友会会长，现为河南大学美国校友会理事会总顾问、文化艺术委员会主席。

附 录

百年树人，桃李芬芳
三年历练，风雨兼程
——志愿者眼中的翟莹

值此河南大学 110 周年华诞，应河大美国校友会翟莹会长的邀请，我作为校友会"守护河南留学生"群的志愿者，衷心祝愿河大师生继往开来，再创辉煌！

我与翟莹会长同在联合国语言部门工作，十几年前曾一起筹备联合国春晚，继而成为知心忘年交。尽管我俩岁数相差很多，成长经历也不同，但我们非常投缘。这一方面源于翟莹会长在家乡在河大得到名校名师的全面培养，包括出色的素质教育，使她在 80 后年轻同事里脱颖而出；另一方面，我在 20 世纪 70 年代初期，曾随所在单位几乎走遍了中华民族的发祥地之一的河南，那时我就为河南人民的大气、热情、质朴和改天换地的奋斗精神所深深感动。我和翟莹会长经常相互交流，畅谈人生。当新冠肺炎疫情暴发之初，翟莹会长邀请我参加河大美国校友会"守护河南留学生"群的工作，我欣然同意！

3 年来，旷日持久的新冠肺炎疫情冲击着我们每个人，特别是海外中国留学生们的生活、学习和工作，国内疫情也时时牵动着旅美河南同胞的心。武汉疫情暴发时，我们在翟莹会长的领导下，为武汉及鄂豫两省交界地区的抗疫，组织了募捐，校友会理事们以身作则纷纷慷慨解囊。翟莹会长和志愿者们更是利用周末时间去药店、商店采购防护用品，并联系机场、海关沟通货物运输事宜。大家从拉货到搬运，都亲力亲为，任劳任怨，而且夜以继日，真的是"天涯虽远，大爱无价；赤子之心，日月作证"。紧接着，美国疫情又汹涌来袭。翟莹会长和校友会其他理事一起，联系了纽约地区的河南留学生，不顾疫情高发时期的风险，利用下班后的时间，开着车一家一家走访，忙到深夜，直到把校友会的关怀以及中国驻纽约总领事馆提供的爱心防护包

("健康包")送给大家,让留学生们倍感温暖、深受鼓舞。

太平洋的另一边是祖国故乡,这一边是学习、工作的异国他乡。河大校友会和河南籍留学生们一直与家乡和祖国心心相印。2021年7月,在3天时间里,郑州暴雨成灾,1小时的降水量超过100个西湖。远离家乡的河南学子们都心急如焚。校友会又积极组织了"为河南暴雨赈灾救灾重建"的筹款活动,得到了热烈反响。3年来,校友会同人和"守护河南留学生"群400多位留学生在携手抗疫、抗灾赈灾方面,可以说是书写了一幅浓墨重彩的画卷。

3年来,河南大学美国校友会还利用网络平台信息化手段,经常在"守护河南留学生"群里举办云讲座、微信分享以及解答求助问题。内容除转发河大校方以及省教委的慰问、本校教授线上讲座外,也邀请各领域学者和专家举办讲座,内容包括科学防疫指导、中医中药知识、创业心得、工作机会、签证机票信息、华人历史、租房安保以及使领馆的重要发布等等。尽管疫情依旧肆虐,但庆幸河大美国校友会具有巨大的凝聚力,大家都不孤单。作为志愿者中的一员,我由衷地为这个集体感到骄傲和自豪!再次热烈祝贺河南大学110年华诞!

纽约联合国总部志愿者:和风徐叙(笔名)

忆我的恩师蔡芳川先生

梁慈民

应该说,我在河南大学体育学院期间,所有任课老师都直接或间接地对我的成长产生过积极影响,对此我一直心存感谢,但限于篇幅和时间,加之手头资料有限,我只能取一而代之,以现有个人回忆录为基础而断章取义,这实在是无奈的选择,对此我只能心存遗憾了,希望以后有机会弥补。

与蔡芳川老师(右)的肌肉照

我的恩师蔡芳川先生成长于福建厦门,1961年毕业于上海体育学院,后被分配到河南大学体育学院任教,1988年又调入当年的福建体育学院,即现在的集美大学体育学院。先生从青年到暮年,在教育领域一干就是大半辈子,可谓桃李遍天下。于我的一大幸事则是在我读河南大学体育学院1977级本科时,蔡芳川先生成了我的任课老师并兼任年级长,从此我有幸直接接受他的指导和教诲,这也成就了我们这份难得的师生之缘。蔡先生是一位"教"师,为年轻的我顺利达到体操一级运动员水平做出了贡献;他也是一位"育"人者,他的很多思想和见地让我终身受益;同时他又是一位给予学生很多父爱关怀的长者,说他是恩师恰如其分！所以说与蔡芳川老师建立师生之情真是我的幸运。

现在回忆起来,往事历历在目。课堂上不必赘言,在课外辅导时间我最喜欢蔡老师帮助和保护我做单杠"支撑前回环穿腿转肩成反吊""直角腾越"和双杠"前摆转体成倒立"等动作,有他在旁边做我的"保护神",我动作幅度大,更准确,更自我欣赏,也使我更有挑战高难度技巧时的那份自信。

那时一到周末,他常常从家里拿着锯子、锤子、凿子等工具,叫上我在体操房里开始进行跳桌、跳马、保护台等器械的制作。我最欣赏的就是他自制的电动"大回环动态人体模型",让我兴奋不已。他通过电动和模型的方式,把向前和向后大回环的技术表现得活灵活现,并且在电机的作用下,可实现反复的动态演示。由此我知道了当时河南大学体育学院的体操房墙上所张贴的上百幅动

与蔡芳川老师（左）

作图解都是他一笔一画画出来的,他是体育学院体操教研室的能工巧匠,也是每次体操教研室参加学院成果展览的主要策划者。那时候他常常默默奉献,牺牲当时每周仅有星期天为休息日的私人时间为体操房绘图以及制作器械,为的是学生们可以做好每一个辅助练习,教师们教学进行得更加便利,体操教研室可以获得更多荣誉。

而且在我的记忆中,蔡芳川老师是当时体育学院较早在《体育报》上发表文章的教师,从此他的成果展现速度一发而不可收,在

全国体操科学论文报告会、《天津体育学院学报》、《体操》等学术活动和期刊上不断报告和发表自己的学术见解。这让年轻的我心生向往,以至后来也逐渐在国内各大学术期刊发表学术成果。也因为时常帮蔡老师抄写稿子,我在高中时期对书法的热爱被再次点燃。后来蔡老师干脆把教研室的钥匙给了我,为我抄写并协助他举办教研室的科研展览提供方便,我也充分利用教研室不受教室按时关灯的影响这一优势而挑灯夜战学习。蔡老师教我如何用毛笔画均匀的直线,教我如何画体操分解动作图解,让我对体操动作的教学有了更深入的理解。他对我的影响是点点滴滴潜移默化的,如影随形,如风而至。蔡芳川老师不仅在教学科研上响当当,在行政领导方面也顶呱呱,曾在河南大学体育学院任副院长,到集美大学后又在教务、科研、招生和学报等方面任职主要领导。即使是在退休之际,他也为中国老教授协会撰稿投书,又一次荣获省级科研成果奖。蔡芳川老师是高校教育领域的"不老松",志在远方,笔耕不停。

蔡芳川老师

当年的他既是体育学院学术研究的先锋,又是我走向学术之路的引路人。让我至今难以忘怀的是,他专门到学校教务处为我开介绍信,推荐我到外语学院兼学外语,并语重心长地对我说:外语学习一定要抓紧。在他的鼓励下,我这个英语底子薄的体育生竟跟着外语学院1979级英语专业的学生学习了精读课 Advanced

English(高级英语)和听说课。正是当年蔡芳川老师的高瞻远瞩和影响,使我除了自己的母语以外,拥有了可以放眼看世界的第二双眼睛,这在当年不知互联网为何物、相对静态的学习环境之下,尤为珍贵。我的外语水平成为我后来参与国际交流夯实学术技能的一枚利器:在河南大学副校长与外国教师的联谊晚会上做口译,在国际级体操裁判学习班亚洲区的英语笔试和口试中获第一,在天津世界体操锦标赛体操处和国际体联技术官员之间做翻译,顺利通过竞争激烈的河南大学青年教师国家公派出国留学 WSK(全国外语水平考试)英语笔试。这一切与蔡老师当年的推荐之恩密不可分。

蔡老师在学术的精进上也不懈怠。例如,他引导我学习了系统论、控制论、信息论和内容与分类的轮廓,这让我后来在参加北京体育大学博士研究生的口试时,在巧合的有关系统论和分类问题等的提问中对答如流,为我取得口试第一名发挥了积极作用。他在把边缘横断学科引进自己的学术研究中,在向学生的介绍中,在充分利用综合性大学的综合特点中,走在了时代的前沿。

曾经有一段时间我因为一些事情情绪波动较大,蔡芳川老师语重心长地对我说道:"当有人趁你集中精力学习的时候,在你背上画了一个老鳖,然后指着你对众人大声说'他是老鳖!他是一个老鳖!',你怎么办?与他据理力争,还是继续读你的书?"我听完他的话豁然开朗,他是在教我在艰难前行时,如果遇到委屈,更要集中精力,善于控制自己,懂得孤独前行的价值与意义。我在本科毕业分配时对前途,尤其在是否留校当老师的问题上出现纠结和犹豫,作为年级长,蔡老师果断简明地对我说:"报留校!"我至今仍清清楚楚地记得他在这个问题上展示出的果敢与笃定。蔡老师还告诉我,在人生的关键时刻,要敢于接受挑战,要抓住机会,也要善于展现自我。当年学生们的生活是相对闭塞的,极其需要一些有品

与周玲花老师（右）、蔡芳川老师（中）

质的精神世界的支持，所以周末是需要筹划的，尤其是在有广受欢迎的电视节目时更是如此。我有幸和我的一帮同学到蔡芳川老师家看了电视节目《从大西洋底来的人》《中国女排》《男子足球》等等。蔡老师家的电视让我和同学们度过了无数欢娱的时光，也受到了当年这些优秀电视节目的滋养。

蔡芳川先生只是教过我的众多教师中的一位，然而他和我之间发生的故事还在脑海中不断涌现，但碍于篇幅有限，在此我只能略述一二。无论岁月如何变迁，蔡芳川先生始终是我心目中的一位好老师，是一位有能力并愿意对学生投入感情的传道授业解惑者，在关键时刻，他总会以战略性的见识与眼光，辅以自己的温暖与善意，在谆谆教导中让学生体会到明朗与果敢，从而一生勇往直前。他是河南大学体育学院1977级的好年级长，是我们的好老师。对我个人而言，在我人生的求学阶段受益于他，而他对我的影响又远远超越于此。

梁慈民

1978—1982年，攻读河南大学体育学院学士学位。1985—1988年，攻读河南大学体育学院硕士学位，也是河南省高校体育界第一位硕士。1995—1998年，攻读北京体育大学博士学位，是河南省高校体育界第一位，也是全国为数不多的博士。

1988年成为河南省重点学科"体育教学训练理论（体操）"学科

带头人。1993年国家体委科学进步一等奖课题组成员。1993年破格晋升教授，是河南省高校最年轻的正高职称之一。1993年晋升体操国际级裁判，是当时全国最年轻的体操国际级裁判之一。1995—1999年任研究生导师。1999年任河南大学体育学院副院长，1990—1999年参加天津世锦赛、全运会、李宁杯国际体操邀请赛、罗马体操大奖赛和全国体操锦标赛等的口译及裁判工作。1999年底移居美国，任"Westside Dance & Gymnastic Academy"男子项目主任和总教练，美国裁判员学会会员，国际体育工程学会会员，国际体育哲学学会会员。2014—2018年任河南大学体育学院等省级讲座教授。在河南大学期间，在《体育科学》等国内各种学术期刊上发表论文30余篇，参编和主编全国高校体育系《体操》教材3部，参编、主编和独著8部。在美期间，11次参加美国全国体操大会学术报告会、国际体育工程学会、国际体育哲学学会的学术报告并发表文章，在奥地利维也纳国际体育工程学会学术报告中获得"报告奖"。两次参加在西雅图举行的"国际体操太平洋沿岸国家比赛"的裁判工作，培养了数十名俄勒冈州、美国全国分区赛和全国少年体操比赛的冠军，两次获得俄勒冈州优秀教练员奖，10多次参加俄勒冈州裁判员学习班的讲座。

河大情　河大缘

孙国平

自从 1987 年离开河南大学到美国读书,弹指一挥间转眼过去 35 年了！35 年的岁月似乎漫长,可以改变许多事情,但却改变不了我对河大的眷恋之心、感激之情；35 年的岁月似乎短暂,在河南大学求学、工作的时光恍如昨天。适逢河南大学 110 年华诞,河南大学美国校友会为庆祝母校生日特此发起的征文启事,又一次勾起了我在河大学习、工作、生活一连串儿的回忆！

大学里的小同学

我的家乡位于河南省南阳市唐河县西南边界的龙潭乡,毗邻湖北,地理位置偏僻,村里人祖祖辈辈以农耕为生,鲜有人走出那片黄土地。20 世纪 70 年代,教育改革的春风吹暖了神州大地,也吹开了我家乡那扇希望之窗：让孩子们读书上大学！上大学对我们那个经济落后、信息闭塞地区的农村孩子来说是改变人生的唯一出路,但更是一个几乎不可能实现的梦想！然而 15 岁那年我却懵懵懂懂地圆了这个梦想！

记得 1979 年夏天的那一天,正在地里帮大人除草的我被人喊出了地头,说是生产队队长从大队部转来了一封挂号信。我没来得及仔细看信封,就漫不经意地用沾满泥土和汗水的手撕开了那封信,然而当"河南师范大学"6 个大红字映入眼帘的那一瞬间,我的脑袋"嗡"的一下就响了起来,强烈的阳光下眼睛顿时模糊不清,脑子一片空白！我定定神儿用手使劲儿揉着眼睛连续看了好几遍依然不敢相信那是真的：这是河南师范大学（河南大学前身）的录取通知书！回家的路上我一直紧紧攥着那封信，生怕它从手里溜走了！开学前数月我也一直处于忐忑不安之中，天天掰着手指头算日子，担心时间过得久了手里的通知书会变成一场梦！

我就读于龙潭乡办高中。由于家境贫寒，读高中期间因吃不起学校食堂，就一直借用亲戚家的一个小煤油炉辗转在亲戚家、班主任宿舍、教务主任宿舍、学校菜园子和菜棚子里到处找地方自己做饭吃。清楚地记得当年每逢周日下午从家返校时，都是用母亲亲手给我准备的那根小扁担，担着两个装着一周口粮（红薯、玉米面以及大白菜、窝窝头等）的小草筐沿着坑洼不平的泥土路步履蹒跚地赶往十几里以外的学校。那年头，不知道吃苦是啥，只知道读书不易！两年的高中其实只读了一年半，因为第一个学期基本全部由老师带着补习初中期间落下的课程（初中两年大部分时间花在了学农上）。记得我们的老师中除了物理老师是工农兵大学毕业以外，其他老师都是老三届初中或高中毕业生。我们那届高中共有 4 个班，包括 3 个文科班和 1 个理科班（我在理科班），近两百名学生。那年高考有 3 人被大学本科或专科录取，其中包括我自己。

当年农村学制总共 9 年（5 年小学、2 年初中、2 年高中）。高中毕业那年我年仅 15 岁。由于农村生活条件艰苦，长年营养不良，加上发育又晚，因此当时的我又矮又瘦，头发又干又黄，甚至比小我两岁的妹妹还要矮小，因此人们总是误把我妹妹当成我的姐姐。记得在上大学之前的例行体检时我的身高不足一米六，体重不到 100 斤，曾经一度担心自己体检过不了关呢。那个时候我和村里大多数农民一样对于家乡之外的世界知之甚少，除了读高中二年级那年因参加县里化学竞赛去过一次距家 80 多里的唐河县城以外，几乎没有走出过家乡方圆20里。那年是我人生头一次进城,也是头一次体验乘坐公交车。至于远在数百里之外的河南大学所在地开封,那是一个只从戏里听说过的一个充满神秘、魅力无穷的地方!

初入大学留影

盼星星盼月亮,终于盼到了开学的日子。瘦小的我挥别了满脸沧桑、依依不舍的父母踏上了行程,背着一个装满衣服、褥子以及生活用品的帆布麻袋,一个从邻居家借来的打着补丁的帆布麻袋!一路风尘波折,直到踏入河南大学校门的一瞬间,我才终于确信这一切不是梦,自己真的考上了大学!当时我沿着学校大门内那条宽敞洁净的柏油马路往前走,看着路边修剪整齐的柏树和灌木,走过一座座古色古香的楼阁,望着远处若隐若现的大礼堂,犹如梦幻一般,感觉就像走进了天上人间!

因为我的年龄和个头偏小,头发又黄,所以我成了大学里的小同学。记得在学校食堂排队买饭的时候,站在我前面人高马大的1977级或1978级同学经常会有人拨弄着我的脑袋一本正经地说一声"黄毛丫头前面去!",于是我便习惯性地端着饭碗往前凑,身后留下一片善意的笑声。那段时间,承蒙辅导员和同学们的照顾,我很快便适应了学校里的学习和生活。4年的大学生活虽然辛苦,但收获的更多的是甜蜜的记忆。

刚进大学时,由于基础差,我和班里其他同学的差距还是比较大的,第一学期基本跟不上学习进度,学得很吃力。特别是英语课,因为我的高中没有正规英语课,刚上大学英语课时连26个英文字母的发音都读不准,课堂上简直犹如"听天书"。为了赶上进度,便下决心恶补英语。那段时间我天天背着一本厚厚的英文大字典,上完课就守在教室或图书馆,用"蚂蚁啃骨头"的方式一点点啃。尽量选择英文版书籍阅读,经常是一字一句不厌其烦地对照字典查阅翻译加深理解,最后那本崭新的大字典竟被我翻得破烂不堪。功夫不负有心人,经过超出常人的艰苦努力,一年后不但英语赶上了班里的进度,专业课成绩也从班里倒数赶到了前面,并一直保持到毕业。

自知上大学这一机会来之不易,加之基础差、底子薄,因此大学 4 年我埋头读书、鲜问政事,即"两耳不闻窗外事,一心只读专业书"。记得在政治学习会议上经常忍不住在下面偷看专业书,曾不止一次被辅导员王老师当场逮住并批评教育,至今见了王老师谈及此事时依然略感歉疚呢。

在河大读书期间,由于家境贫寒,我一直省吃俭用,每月都把助学金(记得是 18 元另加 5 元贫困补助金)的一部分省下来存着等到期末放假时带回家补贴家用。那个时候每顿的饭菜几乎都是五分钱豆瓣和两个馒头,只有遇到节假日时才舍得吃一两次荤菜。当时由于正处于身体发育时期,因此经常感觉吃不饱。记得食堂卖稀饭时经常会在卖完的大盆里倒一桶开水泡着以便洗刷,这个时候盆里的所谓"稀饭"就可以随便取食,我时常会等到这个时候凑过去尽情喝个水饱。除了吃饭,在其他方面我也是尽量节省。譬如在课堂上做笔记用的笔记本,就从未花钱买过一本。每学期开学前几天我都会去学校小卖部买来数张 5 分钱一张的大草纸,回宿舍裁剪并用针线缝制成小册子用来做课堂笔记。就这样日积月累,每学期可以省下 20 多元,期末回到老家交给父母,帮助供养妹妹和弟弟,以尽长子之力(当时我父亲是村里的小学民办教师,月薪 3.5 元)。

虽然省吃俭用,但大学里的生活条件还是远远胜过我的家乡。

相比于我家乡连红薯窝窝头都吃不饱的生活,在大学里顿顿吃着白馒头就好比天天过年一般。由于生活条件的改变,大学第一个学期之后我就脱离了原本瘦小的身形,记得入学时母亲特意为我缝制了两条"的确良"长裤,还没来得及穿就变成了连脚脖子都遮不住的"短裤"。大学4年之后,当初那个身高不足一米六的"黄毛丫头"长成了一米七七的小伙子。

大学里的小老师

4年大学时光是美好的,也是飞快的,一转眼就到了毕业那一年(1983年)。大学毕业面临考研深造和等待毕业分配两个选择,我和大多数同学一样选择了前者。在当时那个年代大学生是比较稀缺的,研究生更是少之又少,大学毕业后考研自然是首选。河大化学系当时还没有开设研究生招生项目,大家只能报考全国各地其他高校的研究生。我们那一届总共90位应届毕业生,大多数都参加了当年的研究生考试,但最终只有两个人取得了复试机会,我是其中之一。

我被天津师范大学物理化学系预录参加复试。当我接到去天津参加复试的通知时,除了兴奋,更多的是发愁,因为去天津的差旅费对于我来说是个难题。正当我愁眉苦脸一筹莫展之际,张仲仪教授向我伸出了援助之手。他时任化学系主任,曾教过我们物理化学,是我一生难以忘怀的恩师。因为张老师熟知我家庭拮据的经济条件,预估到了我的难处,于是随即送给我20元钱帮助我去天津参加复试(当时的20元对我来说不是小数目,因为那个年代一个大学毕业生的月工资也只有50多元)。这些钱好比是雪中送炭,一下子解开了我多日的心结。这么多年过去了,我对那次张老师的援助仍然刻骨铭心!

研究生复试没有通过,我就面临着工作分配的问题。当时辅导员找我谈话并兴冲冲地通知我被系里点名留校任教,然而我非但没有流露出一丝惊喜,反而一口回绝了这个决定。因为按照当时的规定,留校教师3年之内要安心执教不可以考研,而我一心只惦记着报考研究生,所以就坚决要求分配回老家唐河县任中学教师,并因此与辅导员发生了争执。我的反应让辅导员大为不解,因为在当时能够留校任教是许多应届毕业生的首选。

辅导员苦口婆心给我做了半天思想工作,见我依然不为所动,就只好汇报给了系里,没过几天时任系主任的张老师亲自约我谈话,他推心置腹、语重心长地对我说了许多。首先要我服从分配,因为服从分配是大学生的责任,更是有志青年的美德,同时也指出,只要立志向上并不懈努力,机会永远属于有备之人!考研只是继续深造的途径之一,自学、出国留学、在工作岗位上做出突出成绩同样可以实现自己的人生价值。"听君一席话,胜读十年书",我最终选择了服从分配,留校任教,成为河大那批最年轻的"小老师"之一。

我出生在1963年农历九月下旬,当我正式成为一名河大老师的时候,还不到20岁。新学期开始,我担任1982级化学实验教师并协助有机化学课讲师批改作业。记得当年第一次走上大学实验室讲台的样子,面对许多比自己还要年长的学生和几位来自郑州的与我父母年龄差不多的进修生时心情极度紧张,讲起话来磕磕巴巴不知所云,直至经历了数次磨炼才慢慢克服了心理障碍,渐渐放开自我并变得游刃有余,成为一个合格的大学老师。

留校后的第三年,我被化学系推荐进入河南大学青年教师英语培训班。培训班大约有二三十人。经过1年时间的脱产培训,我的英语能力得到了进一步提高。临近结业时,学校从省教育厅获得5个赴西安参加托福考试的名额,并在学校举办了一场模拟托福考试,拟通过考试选拔青年教师前去应考。通过考试我有幸取得了那次去西安参加托福考试的机会,并在考试中取得了理想成绩,遂于 1987 年顺利被堪萨斯州的匹兹堡州立大学录取为硕士研究生,学制 2 年。

于是,我从一名"小同学""小老师"又变成了一名留学生,远渡重洋开始了在美国的求学生涯。

难忘恩师张仲仪教授

赴美前夕张仲仪老师专程与我促膝长谈了很久,并以自己的亲身经历仔细讲述了许多异国风情和身在国外的注意事项,从他那慈祥的笑容里我清晰地看到了慈父般无微不至的关怀,更看到了热情洋溢的期待!

2006 年与张仲仪老师(中)在华盛顿

在河南大学求学 4 年、任教 4 年,8 年的黄金岁月,我与河大结下了不解之缘,而最大的缘分是结识了我的恩师张仲仪教授。

记得刚入河大化学系不久就曾远远地看见过张仲仪教授,对他的第一印象是童颜鹤发、温文儒雅,感觉令人望而却步、肃然起敬。后来我得知张仲仪老师是一位归国华侨,早年毕业于华东师范大学分析化学研究生班,是后来成立的河南大学化学化工学院的奠基人。而真正结识张老师还是大学第三学年(1982年),当时他是我们物理化学主讲老师,时任化学系主任。张老师讲一口地道的普通话,说起话来慢条斯理、委婉动听,声音极具磁力,第一堂课就深深吸引住了全班同学。他知识渊博,讲起课来深入浅出、循循善诱,善于把深奥枯燥的书本知识讲解得趣味盎然、引人入胜,几堂课下来就使大家喜欢上了物理化学。他那严谨的治学态度以及和蔼可亲的性格给全班同学留下了深刻记忆。

到了1982年下半年,距离我们毕业只剩下一年多时间了,系里为了满足部分学生的求知愿望并应对即将到来的硕士研究生考试,提议针对无机化学、有机化学、分析化学、物理化学等4个主要专业设立课外辅导组,每组三人,分别由一位德高望重的教授辅导授课。我有幸被选入物理化学组(与我同组的另外两个同学是班里的佼佼者高虹和王力),由张仲仪教授亲自给我们授课。

由于是课外辅导而且人数较少,授课时间和地点都是每个小组自由选定的。我们组就选择了张仲仪教授的住家,每周六晚上7点至9点在他家里上课。记得当时每周六吃过晚饭后,当大多数同学都在大礼堂门外排队看电影的时候,我们小组三人总是背着书包从大礼堂门前广场匆匆穿过赶着去张仲仪教授家听课。张老师和其夫人刘海澜虽然都是化学系教授,但居所并不宽敞,由于书房通常都是留给刘海澜教授使用,我们上课的地点就设在张老师的卧室里。当时张老师总是坐在床沿上,我们三个学生则像小鸟一样围坐在张老师身旁边听边做笔记忙个不停,并时不时叽叽喳喳插话提问,张老师总是有问必答、耐心讲解,还经常自问自答以加强记忆。有时候为了调节气氛,他还会和我们谈些时事、政事等。每次两个小时的课程总是感觉一晃而过,恨不得能把闹钟拨得慢一些、再慢一些。

那段时间在张老师那里学到了许多在课本上学不到的知识，同时也学到了许多为人处世的道理，数月的零距离受教可谓受益终生。如今40年过去了，我依然对当时的情景记忆犹新，回想起来就像发生在昨天一样温馨、亲切、回味无穷。

肩负着张老师和同事们的期望，我于1987年秋来到了匹兹堡州立大学攻读化学硕士学位。初来乍到，除了学会适应异国他乡的生活习惯以外，还要尽快突破语言障碍、尽快跟上课堂进度，因此入学后就从未懈怠，课余时间除了周末晚上去餐馆打工挣些零花钱补贴日常消费以外，其余时间基本都在图书馆读书学习、翻阅资料或在实验室加班加点做实验。

与导师 Gerald Koser 教授（左）

两年的硕士学业我只用了一年半就完成了，还没有到回国的期限。我深知出国深造机会来之不易，并且经过留学更加感受到自己知识的差距，于是便决定抓住机会继续读书深造，报考博士研究生。我的这一想法也得到了张老师的肯定和支持。1988年底回国期限之前我收到了俄亥俄州阿克伦大学化学系的录取通知书，次年1月便从堪萨斯州驱车1400多公里迎着风雪来到了阿克伦大学。在那里我师从德高望重的有机化学教授 Dr. Gerald Koser。经过4年多的学习和研究，于1993年完成学业并顺利通过毕业论文答辩，取得了阿克伦大学有机化学博士学位。

取得学位后我第一个想到的人自然是身在大洋彼岸的张老师。张老师得知这一消息后显得很平静,他语重心长地跟我谈了许多,言语之间充满了期待,但更多的还是鼓励。他不仅希望我回河大化学系工作,也希望我能够戒骄戒躁、不失时机、借助海外优势学习、掌握更多先进的科学知识。学无止境,路无尽头,科学无国界,报效母校不局限于回母校服务,在任何地方只要做出成绩都是为母校争光!思虑再三,我决定继续学习,即选择去田纳西大学药学院做博士后研究。在那里师从时任药学院院长Dr. Duane Miller,待完成了数项研究项目以后又于1998年进入美国国立卫生研究院(NIH,即 National Institutes of Health)做药物研究工作。2003年受雇于美国食品药品监督管理局(FDA,即 Food and Drug Administration)做药品审批工作直至今天。

1993年博士毕业

回想起这些年走过的路,每一步都离不开母校河南大学的启蒙教育,离不开恩师张仲仪教授的教导和鼓励!张老师不仅见证了我的成长,而且潜移默化影响着我的人生。我一直和张老师保持着密切联络,时刻关注着他的消息。得知张老师历年来不间断为社会捐款,特别是在2003年捐资100万元以其父名"禹洲"设立"河南大学禹洲奖学金",专门用于帮助河大贫困生完成学业。他的治学有方,他的热心公益,他的高风亮节,成就了莘莘学子,而我不过是其中之一。

虽然身在海外,但我时刻关注着母校的发展变化。从2010年河大美国校友会成立,我一直义务在校友会服务,并在2020年新冠肺炎疫情暴发之时和2021年郑州遭受暴雨灾害的时候积极参与筹措物资和捐款活动,和广大河大校友一道为回报母校与社会尽自己的绵薄之力。

从一个不谙世事的农家子弟到美国化学博士和联邦职员,从闭塞的乡村到如今足迹遍布世界各地,怀山之水,必有其源!河南大学对于我来说恩重如山!无论何时,无论何地,我都可以自豪地说一声:我是河大人!

孙国平

1963年农历九月出生于河南省唐河县龙潭乡,1979年考入河南大学化学系,1983年毕业留校任教,1987年赴美国堪萨斯州匹兹堡州立大学留学,1988年取得化学硕士学位,1989—1993年就读于美国俄亥俄州的阿克伦大学并取得化学博士学位,1993—1998年在美国田纳西大学药学院做博士后研究,1998—2002年在美国国立卫生研究院做药物研究工作,2003年至今在美国食品药品监督管理局做药品审批工作。

Briggs 教授、我与河南大学

常　捷

金秋时节，母校河南大学喜迎 110 年生日。河南大学美国校友会为此特地举办征文活动。看到征文的消息，我不由自主回忆起了求学岁月：从河大到 UTD（The University of Texas at Dallas，即德克萨斯大学达拉斯分校），从东到西，跨越了半个地球，跨越了我的青春年华。飞扬的思绪中，最深的印记是 Ronald Briggs 教授与我、河大与 UTD 的两地情。

相识在 UTD

2005 年的 8 月，我从开封辗转来到达拉斯，开启了攻读博士学位的人生新旅程。开封夏日炎炎，达拉斯也一样，两座城市处于相似的地理纬度。我所在的河南大学将近百年历史，而 UTD 和我同龄——36 岁。古城开封具有 2000 多年的历史，而达拉斯建城不过 100 多年。

我于 1990 年本科毕业于河大地理系，1995 年获得硕士学位后留系任教，即将拿到副教授的职称，放弃这一切重新开始，确实需要勇气。况且从我过去熟悉的自然地理专业转向地理信息科学（GIS）这个我接触不多的新领域，当时的我颇有些忐忑不安。

来到 UTD 的第二天，来不及倒时差，我就赶到系里熟悉环境，拜见教授。这是我第一次见到 Briggs 教授，他当时是地理信息科学系主任。60 出头的年纪，中等个头，腰板笔直，留着灰白色络腮胡须，一双灰蓝色的眼睛弯成月牙状，看起来亲切有加，非常有绅士的感觉。后来我了解到 Briggs 教授是英格兰人，留学美国获得地理学博士学位后，已经在 UTD 工作整整 30 年了，UTD 的 GIS 专业是他一手创建的，有着 UTD"GIS 之父"的称号。

在 UTD 攻读博士学位

我是自费留学美国攻读博士学位的，UTD 提供奖学金免除我的全部学费，同时提供了一份研究生助教（GTA，即 Graduate Teaching Assistant）的工作，用于我的生活费用。当了助教的我每周需要为学校工作 20 个小时，为研究生答疑并批改作业和试卷。因此我和 Briggs 教授接触的机会比较多。

Briggs 教授果真名不虚传，我在美国上的第一堂课就是他讲授的 GIS Fundamentals。这是一门 GIS 入门基础课，面对来自不同国家、不同背景的新生，Briggs 教授操着略带英式口音的英语侃侃而谈，深入浅出又妙趣横生，言语之中充满了他对这门新兴学科的热爱之情，一下子拉近了我和这个新专业之间的距离，也拉近了我和他之间的距离。连续上了他讲授的几门 GIS 专业课之后，我发现 Briggs 教授酷爱教学，凡事亲力亲为：给学生安排的项目，他都亲手编写,根据他过去多年承担的项目改编而成,极具实用性。课堂上带学生做实验,课下答疑、批改作业和试卷,这些原本是助教的工作,他也一手包揽。

Briggs教授兼具英格兰人的谦逊内敛和美国人幽默的谈吐,而且理解力超强,即使对于初来乍到的留学生词不达意的表达,他也能够快捷准确地领会。我想,这也许是"同在异乡为异客"的缘故吧。他非常和蔼,但是绝非"好说话",遇到迟交作业的学生心存侥幸的时候,Briggs教授一边微笑着表示同情,一边扣分毫不手软。由此,学生们得以领教传说中的英格兰人的绅士风度和铁面无私。

Briggs教授平易近人,在他的身上你从来找不到系主任的任何架子。每次和我交谈,他总是站起身,彬彬有礼地注视着我的眼睛,倾听中从不打断话语。他的办公室屋门总是在早上8点钟准时打开,而且敞开,一天从不关闭,因为他随时准备着解答学生关于学业和生活中的任何问题。每次从他的办公室经过,我总能透过敞开的大门看到他或是和学生热烈地探讨学术问题,或是静静地坐在电脑前独自处理事务的身影。有一次我竟然没有看到他绅士般地端坐,而是把一条腿高高地翘在办公桌上,原来是Briggs教授做了膝盖手术,打着石膏绷带,依然坚守岗位。

一次我在租住的学生公寓附近巧遇Briggs教授,交谈中得知他竟然是我的邻居,也租住在学生公寓。他解释说因为家距离学校比较远,为了准点上班,他工作时间住在学生公寓,只有在周末才回到舒适的别墅。

2008年Briggs教授光荣退休,在一次为他的中国博士生举办的毕业庆祝聚会上,我们一家受邀参加,驱车来到他依山傍水的别墅。Briggs教授的家坐落在山腰,波光粼粼的湖水一览无余,我开玩笑地说Briggs教授以后可以过中国所谓的"隐居"生活:"采菊东篱下，悠然见南山。"由此谈到历史悠久的中国文化和我的故乡古都开封，以及我的母校河南大学，教授表示了浓厚的兴趣，并表示有机会要到那里看一看。

我从河大来，他到河大去

当时，我虽然在 UTD 读书，但和母校河南大学的联系从未间断，我的导师邱方教授在我的促成之下，受聘担任河南大学讲座教授。在我的牵线下，环境与规划学院的教师来到 UTD 做访问学者。

自从 Briggs 教授表达了对开封和河大的兴趣之后，我通过电子邮件联系环境与规划学院秦耀辰院长，推荐教学经验丰富、治学态度严谨的 Briggs 教授到河南大学任教，以推动河南大学 GIS 教学的国际化。环境与规划学院得知后非常重视，立即表达了强烈的接纳意愿，并迅速推进此事。在我的沟通下，我正就读的 UTD 地理信息科学系与我的母校河南大学环境与规划学院建立了友好合作关系，并逐步加强交流。就这样，古都开封与新兴都市达拉斯，在我的世界中连在了一起。

2010 年，就在我读博士将近 5 年的时候，我幸运地拿到了 Esri 公司的录用通知。那几年美国正遭遇经济危机，工作机会非常少。我博士尚未毕业就能够得到全球最大的 GIS 软件公司的职位，对我今后的职业生涯至关重要。但是我一旦离开学校去工作，尚未完成的博士学业就可能半途而废。这是一个两难的选择。经过慎重考虑，我选择了一条比较艰难的道路：一边工作一边拿下博士学位。于是，当年 6 月我放下已经完成一半的博士论文，携家带口匆匆由德州搬迁到加州，开始了在美国的职业生涯。

我千里迢迢去加州工作，差不多同一时段，Briggs 教授万里迢迢到达中国继续他的教学工作。

2010年6月，Briggs教授首次来到中国参加在北京举办的国际华人地理信息科学协会（CPGIS）年会，随后参加了河南大学承办的CPGIS "Go Home" 地理信息科学论坛。Briggs教授初次来到河南大学，并做了学术报告。河南大学这个古老的校园以及开封这个古老的城市给Briggs教授留下了深刻而美好的印象。同年9月，环境与规划学院秦耀辰院长和孔云峰教授受邀来到UTD访问，Briggs教授接待并全程陪同，他们之间也结下了深厚的友谊。同年10月，Briggs教授及其夫人再次来到开封，开始了在河南大学的教学生涯。Briggs教授受聘当了河南大学的讲座教授，为研究生开设了地理信息统计与空间分析课程。到达河大授课之前，Briggs教授还专门向我了解河大学生的特点和期望，特地开设了这门新课程。其夫人Jeanne也拥有博士学位，一直在美国大学教授ESL（English as a Second Language，即英语为第二语言）课程，具有丰富的英文教学经验，因此她也同时受聘当了河南大学的课程教授，讲授美国文化地理及英语口语。

河大、开封，我们共同的记忆

在Briggs教授在河大授课的5年中，我和他一直通过电子邮件保持联系。虽然我们相隔万里，但他们在我熟悉的家乡工作与生活的画面源源不断地传送到我这里来。Briggs教授有一双善于观察的眼睛，他给我展示了我未曾看到过的画面。Briggs教授从地理学家的角度注意到"街头地理"——同一道街上从早到晚不同商贩轮流摆摊，他惊诧于如此频繁转换和高效的土地利用，他把此归结为人口密度和土地资源的不平衡。他还发现与美国相比，中国人工作更努力，几乎从早到晚都在忙碌，所以他也理解了中国为什么会有午休时间。

Briggs教授非常喜欢收看CCTV的国际频道，他告诉我他从那里了解到了一个不同的中国，不同于他在美国电视上看到的中国。从 Briggs 教授邮件的描述中，我通过他的眼睛看到了家乡的变化。他说开封每一年都变化巨大，住宅楼比肩林立，街道越来越宽敞。起初街头还有人力三轮车，后来都被规范的出租车取代了。甚至联通河大新老校区的公交车都已由旧换新。

除了那些古老的文化景点，开封美食也成为 Briggs 教授邮件中津津乐道的话题。他告诉我他们非常喜欢开封的著名美食小笼包子，也喜欢街边小吃鸡蛋鳖（一种开封早点，鸡蛋封在油饼里，形状像是老鳖）和烙饼卷菜。与整桌宴席相比，他们更偏爱火锅，因为这像自助餐，可以根据口味自主选择食物。Briggs 教授告诉我，出于对于中国美食的喜爱，他甚至学会了使用筷子，而且能够用筷子夹起花生。

从河大同事的口中得知的信息，更加充实了他们在中国生活和工作的片段。Briggs 教授及其夫人从不特殊化，每一天总是和普通教师一起乘坐学校的班车提前到达办公室，我知道这是他把在 UTD"始终敞开的办公室大门"的传统延续到了河大。除了他严谨的工作态度，他风趣幽默和平易近人的处世方式，也赢得了河大师生的厚爱。

Briggs 教授及其夫人在旁人看来还有些节俭。他们外出就餐，都是尽量把盘中的饭菜吃完，如果未能吃完，则会全部打包，带回家接着吃。他们也尽量自己打理一日三餐，和市民一样到菜场地摊上买菜，因此他们还学会了中国式的还价方式。虽然和小摊贩无法进行语言沟通，但他们会用手指比画的方式沟通，所以他们买菜好像是在进行划拳游戏，很是引人注目。

内敛绅士的教授和外向奔放的夫人成为校园里的一道风景，他们成了河大和开封的名人，《汴梁晚报》的记者还进行了专访，以《洋教授夫妇的开封生活》讲述了 Briggs 教授及其夫人工作和生活的趣事。Briggs教授在河大的工作也得到了广泛认可,他成功入选国家第一批"千人计划引智配套工程"项目。

Briggs教授夫妇登上了《汴梁晚报》

虽然刚进入公司时工作繁忙而辛苦,我还是坚持我的学业,开启了一边工作一边撰写博士论文的模式。为了集中精力避免干扰,我经常利用业余时间到公司的办公室撰写论文。经常公司已经人去楼空,整座办公楼只有我一个人。我定期通过电子邮件向导师汇报博士论文的进度,并使用Skype与导师远程讨论博士论文的细节。Briggs教师作为论文指导教授之一,不仅在学术方面给予了许多建设性的意见,还主动担任"编辑",不厌其烦地帮助我改正论文中的语法错误。

历时6年求学,我终于顺利地拿到了博士学位。2011年8月,我们一家三口又从加州飞回德州,参加我的博士加冕仪式。借此机会,我又和Briggs教授及其夫人重逢了。在导师邱方教授为我举办的庆祝宴会上,Briggs教授及其夫人专程赶来,带着他们亲手烤制的带有GIS、PHD和UTD字样的英式传统食品,作为对我博士毕业的祝贺。Briggs教授显得特别高兴,他特别告诉我说,当时我离开UTD前往加州工作他心里很是担忧，担心我半途而废，因为他过去看到过的这样的例子为数不少。因此我拿到博士学位也让他倍感自豪。

Briggs教授及其夫人兴奋地给我讲述了在河大的所见所闻。Briggs教授很惊奇地发现环境与规划学院所有老师都与我熟识，我告诉他那是因为我是土生土长的河大人，我的小学、中学、大学和研究生都是"河大牌"的，连同在河大任教加起来将近30个年头。我的父亲也是河大地理系毕业生，并在河大地理系执教多年。就像他和UTD的缘分一样，我的人生已经和河大密不可分。

Briggs教授及其夫人很感谢河大以及环境与规划学院对于他们工作和生活上的多方关照，还事无巨细地描绘了在开封的生活。Briggs夫人兴致勃勃地说起了他们的一次请客的"惊险"经历。为了感谢环境与规划学院教职工对他们的关心和照顾，他们提出两人请客与大家一起共餐，并拜托院里老师找一家高档饭店。那一天几十个人聚会，挤满了好几桌，饭菜上了十几道，两人虽然面带笑容但是内心忐忑不安，估计得花费折合上千美金，生怕自己带的钱不够，可最后一看账单竟然才相当于200美金，心中才松了一口气。原来院里的老师选择的是丰盛又实惠的农家乐饭店。Briggs教授及其夫人虽然说的是趣闻，但我依然感受

2011年获得博士学位后与Briggs教授夫妇相聚在德州达拉斯

到了语气中的感动和他们之间深厚的友情。

之后,我虽然没有再次和 Briggs 教授会面,但是我在日常浏览的河大网站上不时见到关于他的新闻。Briggs 教授及其夫人在随后的几年内像候鸟一样来往于达拉斯与开封之间,来往于 UTD 与河大之间,每次回到河大他们都像是回到另一个家乡一样,用他告诉我的话说就是"It was like being back with old friends"(如同老友相逢)。他非常享受在河大讲学授课的时光,因为在他眼中河大学生聪明勤奋又充满好奇心、生机勃勃,也让他深受感染。

2013 年 9 月,我从网上得知 Briggs 教授获得了河南省人民政府颁发的"黄河友谊奖",第一时间发去邮件祝贺他获此殊荣。在邮件中 Briggs 教授却感到很惊奇:"Thank you. Words travel fast, apparently. Not sure why I received this, but everybody here seems very pleased about it!"(致谢,真的是好事传千里。我莫名得此殊荣,众人皆欢喜!)。我告诉他因为是众望所归,他配得上这个荣誉。

UTD 和达拉斯是我的第二母校和第二故乡,河南大学和开封也已成为 Briggs 教授的新学校和新故乡。Briggs 教授和我亦师亦友的情谊,弥显珍贵。特别是在母校 110 周年校庆的日子回想起来这段往事,倍感珍惜和难忘。

常 捷

1986—1990 年,攻读河南大学地理系学士学位。1992—1995 年,攻读河南大学地理系硕士学位。1995—2005 年,担任河南大学环境与规划学院教师。2005—2011 年,攻读德克萨斯大学达拉斯分校地理信息科学博士学位。2010 年至今,担任 Esri 公司软件开发部高级工程师。

一条母性的长河

孙 彤

在我的家乡,流淌着一条河:她仿佛从天际而来,奔流不息,又似乎根植于此,停滞不前。诗歌词曲里说她曾经经历了九曲十八弯,滋润了万里江山,养育了千载文明。她就是被称为"母亲河"的黄河。

而在少不更事的我的眼中,她只是一条长河,裹挟着黄土泥沙,平淡无奇,波澜不惊。无论我看与不看,她就在那里,不远不近,不离不去。就如同始终陪伴在我身边的母校,和我的母亲。

波澜不惊

1990年夏末,我收到了河南大学的录取通知书,在我的家族中并没有掀起任何波浪,连涟漪也无。因为在一个书香门第的教育世家,兄弟姐妹们不乏在名校金榜题名者,而河大不过是一所普通的师范性质的院校,很不起眼。我的母亲却不这么认为,她依然很兴奋,喜悦之情溢于言表。母亲取出存了好久的积蓄,带着我去开封最大的商业街——马道街购买了一台"北京"牌大彩电,以示庆贺。

我不以为然,还有点意难平:我知道,这笔钱原本应该是我外地求学的储备金。我高考的那一年,因为考卷难度增大,考生分数普遍较低,录取分数线竟然比上一年下降40分。那个时候的志愿填写是盲报,以自己估的分报考相应院校。为了保底,我填写了河大,而河大是提前录取的师范类高校,被收入麾下毫无悬念。其实,以我的高考成绩也竞争不上名流大学,但是少年的我就想一门心思离开家,离开河大。

除了我个性腼腆不善言辞,惧怕当老师的缘由之外,家族和河大渊源颇深,也成了我的包袱,变成我不愿意在河大求学的理由。我的祖父孙作云毕业于清华大学中文系,曾为闻一多先生唯一的研究生。祖父毕生投身于先秦文化与考古事业之中,著作等身,不仅被尊称为该研究领域的泰斗,还因为开创了南北图腾学说有着"孙图腾"之美誉。20世纪50年代河大复校,祖父便从北京迁徙至开封,从中国历史博物院到了河南大学,从此把自己和子孙后代留在了开封。我的父亲孙心一也是河大毕业生,在《史学月刊》历任编辑和主编,还曾任河大历史系副主任。我的姑姑姑父、姨妈姨父都在河大工作,甚至于我的母亲,也是河大图书馆的管理员。所以,母亲觉得我在这里读书,得天独厚,水到渠成。

大学时代

在专业的选择上,我得以遵从自己内心的意愿。我选的是中文,不是家传衣钵的历史。之所以选择中文,源于文字的力量,源于只言片语的一段话。我的母亲是图书馆管理员,时常夜晚上班,就把年幼的我带去阅览室。灯火通明的阅览室,林立如山的书架,寂静无声的读书人,加剧了我沉默内向的性格。所以人群中我总是被忽略的那一个,我也享受于此,热爱观人而不被人观。曾经的我观察到一个阅读者正无声地落泪,阅读使得他泪水潸然而下滚落无声。那是一个不知姓名的大学生,等他走后我翻看到的、至今记忆犹新的是那段出自北宋大儒张载"为天地立心,为生民立命,为往圣继绝学,为万世开太平"的名言,一刹那击中了我的内心。

文字,是一笔一画奇特的魔法,牵动着人的喜悦与悲伤、

旧居里的父亲藏书

沉溺与痴迷、消沉与昂扬,即使跨越千年隔着悠长的岁月长河。

掌握并力图破解这个魔法,在那时那刻,像是一颗充满诱惑魔力的种子,在我的心中悄然植下。

浩瀚无边

四年的大学时光,我和同学们不止一次地骑着自行车,花费半个小时飞驰,去观赏大名鼎鼎的黄河。那条母性的长河就那么静静地流淌着,看似浅滩池水,可以跋涉涤足,实则暗流涌动、深不可测,就像我迈入河大学堂之后领会到的那些文字的海洋。

自从我的文学魔法梦开启之后,少有人知,只有母亲略微地知晓一些。母亲总是鼓励我写作,我随手涂鸦信笔写下的小文,母亲

会戴上老花镜细致地研读,对于文字中偶尔迸发出的火花加以赞扬。母亲还鼓励我去投稿,因此在中学时代我浅显的文字才有幸变成铅字,出现在报端,不仅仅是中学生的小报,还包括城市唯一的《开封日报》。无论何种形式的征文,初出茅庐的我在母亲的鼓励下都敢于尝试,竟然还拿了其中一些奖项。

至今还记得开封一位颇有名气的作家曾经评论中学生的我:"同题作文中,孙彤把童年比喻成无言的落叶,无疑有新的境界拓出,闪烁出独到的智慧火花。"

曾经有人认为写作的才能源于天赋,天赋就像是黄河之水天上来,奔流不息。在我的体会中,世上没有随随便便的成果,就如那条母性之河原本就不是来自天际,波澜壮阔不过是一路而来汇集了河川溪流。写作也是心路历程上的积累,聚沙成塔,才能河水一般厚积薄发。

"不识庐山真面目,只缘身在此山中",对于我的大学也是如此。大学生涯,我渐渐读懂了母校,她的深沉内敛不事张扬,她的古朴厚重坚韧不拔,极像是母亲的为人处世,潜移默化影响着我的成长。当时,我的母亲由于兢兢业业、克勤克己,已经担任图书馆阅览部主

母亲在河大图书馆

任,母亲说的没有错,我有着一般大学生所没有的得天独厚的条件——阅读的便利。一般的大学生用图书证有着借阅数目的限制,我无此顾虑。依照我列出的书籍清单,母亲经常下班后把厚厚的一摞摞书拎回家,一周循环更换一次。

其间,我是不加选择地读书,或者按照名著书目,或者参考最

新书评。所以,经常是早上还沉浸在中世纪诡秘难测的古堡中,下午已经在时代的无主题的意识流中徜徉。每一次合上读过的书,我就把自己的理解记录在案,有拍案叫绝,也有击节叹息。不知不觉,读书心得记满了一大本。

我畅游在知识的海洋中,除了孤舟独行,更多的是乘坐师长的帆船,犹如千帆过尽,承载我遨游的奇幻之旅。

赫赫有名的文化学者王立群老师当时尚未登上《百家讲坛》,依然站在10号楼阶梯教室的讲台,我和同学们有幸成为王立群老师所教授的最后一届本科生。张家顺老师"学而优则仕",我读大一时还在课堂上授课,等我毕业之后他已经荣任开封市副市长,接受过我当记者后的现场采访。具备魏晋才子风骨的华锋老师,课堂之上吟唱诗歌惊艳四座。诙谐随和的梁遂老师主讲中规中矩的逻辑课程,不像是不苟言笑、外表深不可测的宋伟老师教授的就是晦涩难懂的文学理论。还有刚从北大中文系毕业的谢志熙博士,意气风发,在河大讲授的第一节课的听众就是我们班,现在他已在清华大学课堂。谢志熙老师在中文系课堂上偶尔提及现代两个名作家笔下的地位低微的女性的相似和不同,说者无心,听者有意,让初出茅庐的我写下了平生第一篇论文《从祥林嫂到伊——鲁迅和叶圣陶同期作品之比较》,并意外发表于《河南大学学报》。当时是1992年,我读大二。

千折百转

1996年夏,我眼中的这条河流——母性的河流突然之间变了容颜:狰狞的黄水掀起冲天浊浪,冲垮了羸弱的堤坝,绵延百里的黄河滩区顿时一片汪洋。那时的我已经从河大毕业,就职于开封都市报——《汴梁晚报》,成为一名东奔西跑的记者,目睹了洪水过后一片汪洋的百里村庄:所到之处,满目荒凉,房倒屋塌,断壁残垣，人群流离失所……

我不禁拷问天地："为什么？难道说这条母亲河无情地抛弃了她的儿女？"当时的我，正沉浸在母亲离我而去的绵绵悲痛之中。

母亲去世了，因为突然发病的癌症，从发现病症到逝去，不过半年多时间。就如突如其来的洪水，毫无征兆滔天而至，淹没了我自己。当时的我还没有真正地踏入社会，才出象牙塔就入霓虹灯。媒体生涯给初出校门的我展示出万花筒般的外界：人间之百态万象，人际之是非曲直，人世间之踌躇满志和无可奈何。

这条母性之河还在反复无常。洪水过后的第二年，也就是1997年秋，黄河断流，开封以下无水、山东省全境无水，大半年时间，河水无力入海，河床龟裂一马平川，大河顿成平川。正如一位诗人在诗歌中所述："一条断了去路的河，一条找不到大海的河。"黄河，难道说只能在磅礴的诗词中气贯长虹，在千万年的历史书中滔滔不息？

我试图从历史的文物中找寻答案。这个城市千年的繁华盛世，傲立于世界的一树繁花，难道只能从《清明上河图》中观看？之后的千禧年，我有幸亲临目睹了"开封城下城"的挖掘考古工作，并参与采写了相关报道。在开封大梁门的城墙马道上，修复城墙时意外挖掘出了一座又一座的城墙，层层叠叠几乎分毫不差，揭示出"开封城，城摞城，地下埋着几座城"的古老传说。唐代汴州城、北宋东京城、金代汴京城、明代开封城和清代开封城，城址两千多年来始终未曾改变。究其原因，也是这条长河，兴也是她，毁也是她。两千多年来，大河泛滥，携带的泥沙淤积，使古开封城一次又一次经受灭顶之灾，尔后一次又一次在废墟上重建。

延续千年的黄河文明绝不会断绝，我坚信：洪水后的废墟会重建，中原也会春风吹又生。2005年，以振兴黄河文明为主旨的"中原崛起"唱响，当时我已经离开开封到了郑州，成为著名省会都市

开封城墙采访

报——《大河报》记者,根据河南省委、省政府的统一协调组织,我和全省各大媒体记者组团一起奔赴各个地市进行采访,和各个城市主要领导对话采写高端访谈,促进黄河流域经济与文化振兴发展。5月,到达漯河市采访的我偶然得知河大黄河文明与可持续发展研究中心举办了"中原与中部崛起、战略和政策学术讨论会",就专程赶回母校专访了与会的中国科学院陆大道院士以及各路专家学者,并尽自己所能协调报社登载了一整版的专题报道。题为《院士专家"会诊"中原崛起》的独家采访和长篇报道引起了社会各界的广泛关注,成为我当"无冕之王"后的骄傲记录,因为自己能够为"中原崛起"摇旗呐喊,为母校学术科研领域发声。

同年夏天,我又作为随行记者团成员之一,跟随时任河南省委书记徐光春抵达上海,参加"中原文化行"的报道工作。漫步在黄浦江畔,感受到中原人在这个海派大都市刮起的文化旋风,同时也感受到海上的台风冲击。那是一股新潮而猛烈的风,迥然不同于古老而厚重的黄河风,恍惚中我搞不清风到底从何而来,又吹向何方。

于是,我萌生了走出去看世界的想法,也是机缘巧合,恰好我的先生到美国攻读博士。我放弃了十几年的媒体职业生涯,漂洋过海到了大洋彼岸。

另辟蹊径

2006年,我一别故土,携带着年幼的女儿来到美国,和先行一步到这里读书的先生团聚,客居在先生攻读博士的学府 UTD 所在地——德克萨斯州城市达拉斯,广袤的田园牧场式的土地,知名的国际大都市。人生轨迹骤然转换,失了

和女儿毛豆豆初到达拉斯

"无冕之王"的浮华,失了东奔西跑的浮躁,写作的念头浮上心头。

我决定重拾旧日梦想,也为了母亲昔日的期望。

按照思维惯例,我把写作定位在了中美文化差异上。在达拉斯唯一的中文期刊《C周刊》推出了《豆眼看美国》系列随笔。顾名思义,随笔是以"一豆之间隙"窥视美国的种种"怪现状",并且是盗用了女儿的名字和视角,所以女儿的小名毛豆豆就被信手拈来成了自己的笔名。

《妈妈"爬车"》《爸爸的中国胃》《钻石牙齿》《我爱垃圾》《动物耍人》《艺术洗澡》等等,生活的迥异滋味尽在其中。随着一系列短文的问世,毛豆豆渐渐小有名气。

《中西夹缝间》则是另一种形式的时政主题随笔,稍显沉重,探讨的是人性的光辉、和谐的自然与现实的问题。《做鸭的乐趣》《灾难的两种表情》等,是以另一种人文视角看待中美之间的差异。

《中西夹缝间》和《豆眼看美国》一庄一谐、一重一轻、一喜一悲,遥相呼应各成一体。除此之外,还有一些散文陆续见诸《世界日报》《亚美时报》《侨报》等报纸。

我陶醉在文字的溪流中,乐不思蜀,以为大河终究汇入了海洋,我撷取了浪花几朵。然而,当我在中美夹缝的间隙中意图开辟一方新天地的时候,内心流淌出的还是那条河,那条母性的长河,内心挣扎中的还是那个城市,我出生并且生活了30年的古都开封,一个有着辉煌历史的、如今已经不可避免衰落的小城。于是就有了中篇小说《城市空空如也》的雏形。

小说写得很简洁,只有3万多字,文字也写得很克制,只是点到为止,没有太多的渲染和铺陈。选择这样的文风一是阅读的方便,一是自己是初试小说,没有多余的经验和技巧。我在小说中把场景设置在了熟悉的开封,讲述了一个看似离奇的故事中的女性成长经历,城市的点点滴滴,人的世故和世俗,离奇中的平凡,让这个故事具备了吸引力。《城市空空如也》于2008年6月完工。三个月之后,初出茅庐的我获得第二十二届《联合文学》小说新人奖之中篇小说首奖。

溯源回流

起初,我对于获奖并无奢望,因为《联合文学》小说新人奖是世界华人文学颇具影响力的重大奖项之一,中篇小说仅设奖项一名,即首奖。意料之外的获奖带来了意料之外的名声。《联合报》《世界日报》《大河报》及新浪网等媒体先后做了专题报道。一位素昧平生的评论家还把我归属于20世纪70年代后的新锐作家之列,以《沉默的新锐》为题给予了小说较高的评价。

评委认为《城市空空如也》最后脱颖而出,是因为这篇小说"宛如一出情节高潮迭起的电视连续剧,除了故事性强,作者也极力描写开封这个古城,包括吃的、住的、以及它的陈旧、破败和昔往的辉光"。小说评论家亦以《城市,空空如也——开封与当代都市女性成长小说》为题发表专题论文,研究该小说,认为"相对于上海、北京、南京,新文学中的'开封'书写,实属相对寂寥……开封,甚至整个河南作家群,向来以男性居多,女性作家为数甚少,更遑论以女性成长为主题的小说写作","《城市空空如也》将女性与城市历史空间特质融入小说叙事的方式,实属别开生面"。

评论证明了我的猜想,《城市空空如也》能够脱颖而出,小说中市井烟火的夜市、巍峨苍凉的古城墙、一浊一清的潘杨湖(潘家湖和杨家湖),还有生生不息、奔流不止的摧毁和重建城市的那条河,最终打动了阅读者。

2008年获得《联合文学》新人奖

忠于你的内心,抒发心中最真实的声音和最真实的情感,这才是文字的力量,也是文学的魔法所在。我终于抛开心结,正视母亲的离去,揭开尘封的伤痕,回忆起母亲离去的日日夜夜,写下了散文《最后的四季》,于2009年获得由美国首都银行、时代华语电台、肖邦艺文馆联办的全美华文大赛亚军。以母亲逝去之后疗伤为题的散文《落在深秋的半场雪花》于2011年获得第十九届北美汉新文学奖第二名,书写母亲生平的散文《蒲公英又名黄花地丁》于2012年获得第二届全球华文文学星云奖。2014年,我的父亲又离开了世界,当年已年过不惑的我意外又冒险地生下了儿子,我把对于生命轮回、生死不止的感触写进了散文《生死相连》,获得第六届全球华文文学星云奖。2021年书写新冠肺炎疫情之下亲情阻隔的《相见难》一文夺得了第二十九届北美汉新文学奖金奖。

虽然获奖为数不少,但是我依然怀有遗憾,因为小文居多,最长不过中篇,就像是一条流经区域不长的河,没有辽阔的规模。为了证明我是一个真正的写作者,时隔多年,我终于下笔尝试自己的第一部长篇小说。

当我敲击出第一个字的时候,那条母性的长河,在我的心中,就如她在版图上长途跋涉的旅途,经历了千回百转,九十九道弯,喷薄激烈又舒缓平和,流淌不息。徘徊在我梦中的那座城市与那所校园,熟悉的铁塔、大礼堂、10号楼、7号楼、东西斋房……如同被施了魔法的手指点击,瞬间在文字中灵动起来。

那一刻,我终于知道,母亲从未离去,她一直住在我的心里;母校也没有走远,她一直都在我的脑海中;那条母性的大河,已经流入了我的血液中,伴随着我的心跳与呼吸,与生俱来,生生不息。

孙 彤

河南大学中文系1990级学生,1994年毕业后先后在《汴梁晚报》《大河报》任记者,2006年赴美生活至今,现居美国南加州,自由撰稿人身份,被媒体称为"旅美作家"。2008年以开封为背景的中篇小说处女作《城市空空如也》获《联合文学》新人奖中篇小说首奖,其余作品屡次获得全球华文文学星云奖、北美汉新文学奖等全球具有影响力的文学奖项。纯文学作品见诸《联合文学》《莽原》《名人传记》《世界日报》等报刊。笔耕不辍之余,致力于河大美国校友会公众事业,从2010年首届校友会成立初始,即积极参与并投身于义务宣传工作,历时数届,现为第五届河大美国校友会副会长、文化艺术委员会副主席。

勿忘初心,方得始终

李 昂

编者按:

这是一篇不同于其余证文的视角——第三者的人称,也就是写作中所谓的"上帝视角"。起初理解为向下俯视自我,更完全地审视和评价自己,不慈悲不自怜,或者是文体的标新立异与特立独行。阅读全文后在文章中找寻到了答案,即导师对于作者面对拒稿的一席话:"审稿人或许来自和你不同的领域,他们会有一些独特的视角是你以前没有发现的。抛开自己的负面情绪,尝试用第三方的视角,理智地面对审稿人提出的批评或建议,思考如何进一步改善自己的文章。"或许这正是写作者对于人生"有则改之,无则加勉"的审视态度,做论文得益于此,写文章也愿以此得益。是为保留的缘由。

2022年4月的一天,注定迎来李昂人生众多生命节点中浓墨重彩的一笔。这天,李昂像往常一样浏览电子邮箱,处理日常的工作和求职季令人忐忑的来往邮件,突然,一封熟悉又陌生的邮件标题紧紧抓住了他的眼球,怀着期待又紧张的心情打开邮件,逐字逐句地阅读后,他终于长舒一口气,开心地笑了起来——他收到了马里兰大学帕克分校助理教授职位的录取通知。这不是他的第一封录取通知,也不是最后一封,却是自己最心仪的大学的邀请,最终实现了理想的"双向奔赴"。

回想从 2006 年步入河南大学,到 2022 年从美国杜克大学毕业,老师的谆谆教导、同学的并肩作战、自己数不清的日日夜夜的潜心研究,直到这天,他终于可以有机会继续在学术的殿堂中,与更多志同道合的学者继续在计算机科技领域的数字世界里砥砺前行。

李昂说,他从小就知道自己要干什么,他不知道未来会从事什么职业,但他知道,他想做一个对世界有贡献的人。

18 岁的阳光少年,手上拿着篮球,头上浸着汗水,刚刚经历过高考的洗礼,别人都还在为报什么专业而发愁迷惘的时候,他却毫不犹豫地脱口而出:计算机。计算机到底学什么?是怎么改变世界的?这些谜团大多是由乔布斯和比尔·盖茨两位传奇的人物传达出一些蛛丝马迹。在不少同学对计算机的了解还仅限于游戏和虚拟聊天的功能时,李昂想的却是,计算机的出现和应用能改变人们的生活和世界。

河南大学坐落于河南开封,在别的新生怀着激动与好奇的心情东张西望地观察这个古色古香的校园时,对于从小就来过无数次、本就是开封人、在家门口上学的李昂来说,似乎也变得新鲜起来。这就是他未来读书的地方,这就是能带他走进计算机这个神秘世界、拉近和乔布斯、比尔·盖茨两位偶像精神距离的地方,他激动又期待。很快,李昂便接触到了真正硬核的计算机基础知识,C 语言、C++、Java、数据库原理、计算机组成原理、计算机系统结构……每天不是二进制就是一些晦涩难懂的语言,可这一切是怎么改变世界的?怎么好像和乔布斯传记和比尔·盖茨传奇故事里的计算机世界大相径庭呢?从起初的踌躇满志、跃跃欲试,到雾里看花般的不明所以,李昂对计算机的兴趣像坐了过山车一般一落千丈,从目标明确的摩拳擦掌,到现在前路渺茫的迷茫无助,他最终把自己的精力从课堂转移到了球场。虽然课程考试几乎都拿到了 A，但也仅限于考试之前临时抱佛脚，考试之后就与课本一别两宽、后会无期了。其他时间，他几乎把所有精力都花在了打篮球上。慢慢地，球场上的兄弟越来越多，大家对彼此的了解也越来越多。他认识了不少打球的师兄，也聊起过自己的迷茫与困惑，师兄让他应聘河南大学计算机网络中心，或许能解答一些他心中的疑惑。这样机缘巧合之下，上天又给李昂开启了一扇新的窗。

　　进入计算机网络中心之后，李昂开始有机会将自己从书本上学到的知识转化为实际操作，真正开始明白每一行代码在网络世界中是怎样去影响人们的生活的。怎么个神奇法呢？他开始了解如何去管理学校的论坛，原来那些发帖和发言可以人为地在后台进行控制；整个学校容纳几万人的宿舍，他不出门坐在小小的网络中心办公室，就可以轻松了解哪栋宿舍楼的哪间宿舍出现了网络故障，甚至连门牌号都一清二楚，隐隐有了一种"不出门尽知天下事"的运筹帷幄感。他可以通过自己所学的技术，跟更多的人和事，通过网络更加紧密地联系起来，这大概就是网络的魅力吧。经历了初入网络中心的新奇，慢慢适应日常工作之后，他也逐渐开始有了新的进步和新的想法，他自己都没有意识到，他对计算机的热情正从心底重燃。

　　日常的维护工作不免变得枯燥，他也开始玩起新的花样。网络时代每个人都很依赖搜索引擎，可当时的网络安全问题并没有得到很好的重视，维护也并不像今天这样完善，打开搜索引擎时，总会难以避免地搜索、点击到携带各种病毒的网页或弹窗，在日常使用中真的是不胜其烦。李昂和周围的同学都难免受这个问题的困扰，遇到难以处理的时候不得不重装系统。对于一个计算机专业的学生而言，这并不是一件难事，但是费时费力，遇到着急交作业或作业写到一半还没有保存的状况，那真是"栓 Q"了。那天兄弟们又遇到了麻烦，又要重装电脑，还丢失了部分文件，血气方刚的少年少不得要来几句国粹。"怎么到处都是病毒，一不小心就中招了，就不能搜出一些干净的链接吗？"是啊，为什么搜索引擎不能过滤掉一些危险的网页呢？嗯，那就自己写一个搜索引擎吧！说干就干，他默默研究起了引擎。几天后，兄弟们再一次怨声载道时，他一脸坏笑神秘地说：兄弟们，我这有一个神奇的东西，刚好能对症下药，解救你们于水火，怎么样，有没有兴趣？这下好了，几个小伙子把他围了起来，在兄弟们的"胁迫"下，他交出了自己的研究成果——一个简陋但可用的搜索引擎。之后的几个月里，那个简陋但有效的引擎，着实为他换来了好几顿饭和同学们的"敬爱有加"。看着受益于自己的朋友们，他也为自己而自豪。这样的时候，他不禁又想到了自己的偶像乔布斯，想起了偶像的豪言壮语。今天，他也用自己掌握的技术稍稍影响了身边人的生活，好像离巨人的距离又近了一小步。

　　人类的进步，总是难以逃避好奇心的驱使。不愿被动挨打，李昂想，为什么被黑的人总是他？见的电脑病毒多了，对他们的认识也多了。他主动去学习这项技术，也了解到了这些病毒背后的一个神秘职业：黑客。处于未脱叛逆的年纪的李昂对黑客技术掌握越多，越觉得黑客也挺酷的，于是也跃跃欲试起来。实践出真知，检验真理的唯一标准就是实践。为了测试自己的黑客水平，他也尝试去黑别人的网站，破解别人的密码之类，成功了就像通过一次小考一样高兴。这时网络中心的负责人明廷堂老师及时发现问题，并且找他谈话，制止了他的错误行为并且加以正确引导。原来老师一直都在默默关心同学们，在他们积极发展时给予支持，而出现问题时及时指正，给他们充足的发挥空间，又把他们带回正常的轨道。李昂说，河大的老师当时不仅传授了他计算机技术，还给予了他正确的观念，技术会更新换代，可观念会伴随他们成长。

　　之后李昂用更多的时间来学习技术和读更多的书，更不会落下每一场苹果产品发布会。他说,至今他都特别清楚地记得每一次发布会,尤其是 2007 年第一代 iPhone 发布会的场景,乔布斯手拿遥控器在屏幕上反复播放苹果手机的展示视频,是那么魔幻,那种未来感和从未设想过的生活方式,仿佛具有魔力一般,把他带进对科技生活的向往、对未来的无限期待中。那是第一次,他用眼睛体会到一句话:科技改变生活。而那颗埋藏在心底的种子,也像施了魔法一样,疯狂生长,躁动得像要冲破脑袋。他觉得自己一刻也等不了了,想要立刻投入科技改革的洪流中。可现在的他实力还不够,他只能更加饥渴地汲取知识。除了学习技术,他还逐渐了解到科技背后的产业链运作,也是从这时候开始,他明白了计算机技术不是独立存在的,推动计算机技术发展的背后,还有资本的力量。资本的运作,也是决定科技发展的一个重要环节。

不知不觉到了毕业季,李昂也遇到了自己职业生涯的第一次转折。在别的同学都在纠结是就业还是继续读研的时候,他的决定绝对跌破了所有老师和同学的眼镜,他竟"弃理从文",从河南大学计算机专业考入北京大学经济管理(创新与创业投资管理)专业继续深造,希望从资本方面深入学习资本如何对计算机产业进行推动和影响。北京大学硕士毕业后,他顺利进入中国邮政储蓄银行北京分行,以管理培训生身份结束培训后坐上了副行长的职位,开启了人生新的历练。银行一年的工作,顺风顺水而充实,可李昂总是放不下内心对计算机产业的热爱和执念,工作之余关注的实事和热点,始终聚焦于计算机领域。最终,他再次做了一个旁人难以理解的决定,到美国阿肯色大学攻读计算机科学博士学位,继续深造。

4 年的博士生活沉重且乏味,辛苦而艰涩。从阿肯色大学毕业后,李昂经历了人生中最为迷茫和绝望的时光。他从选择到美国攻读博士学位时,就抱着做教职的目标,可此时想实现目标可以说毫无可能。他必须继续向前爬,哪怕现在无助又绝望,但他并不准备放弃。在他最迷惘的时候,其中一封来自杜克大学电子计算机工程系陈怡然教授的邮件再次点亮了他人生中的希望。陈怡然教授说:"如果你想换个方向,博后一两年的时间不足以把工作做扎实,我们需要更多时间稳扎稳打,坚固我们的研究。""那如果跟您读博士?"李昂问。陈老师说:"一切皆有可能。"陈老师的回答无异于黑暗中的曙光,让李昂实现了职业道路上的一次绝处逢生。李昂说,他之前就崇拜陈怡然教授,对他而言能师从陈老师,简直是站在巨人的肩膀上一般荣耀,他激动得好几天没睡好觉。周围的人再次不解地问他为什么要读第二个博士。他坚定地说,他想做教职。那些人只是笑笑,虽然大家都没讲,但他知道,那意思是痴人说梦。但他也只是笑笑,继续前行。

很快开始了在杜克大学的研究工作,他像是一头上了磨的驴,每天不停地想论文创新点,积极找陈老师汇报,希望得到陈老师的认可,几乎次次否定,老师评价:学术品位太低。这一次次的冷水泼下来,泼得他垂头丧气、黯然神伤,但又不得不承认老师的评价一针见血,确实中肯。这天开完会,李昂尝试找陈老师谈心,寻求帮助。陈老师说:"你读的论文还不够,不能好高骛远,想提高学术品位,就要读足够数量的高质量论文。你先不要着急,多花时间读论文吧。"之后,他便扎进浩如烟海的论文中。很快,他的观点终于得到了陈老师的认可,老师说:"这个方向你可以开始尝试做了。"这份许可,对当时的他来说好像已经中了一篇论文一样弥足珍贵。多读论文的建议,李昂也一直记在心里,从那时起,他都保持着尽可能多读论文的习惯,受益至今。

熬夜加班,勤奋刻苦,几乎是每个博士生的标配,投论文被否定也是常态。一年投出去七八篇论文,次次被拒绝,李昂再次陷入深深的自我怀疑和对审稿人浓浓的负面情绪中。他又垂头丧气地跑到陈老师的办公室，这次陈老师告诉他："审稿人或许来自和你不同的领域，他们会有一些独特的视角是你以前没有发现的。抛开自己的负面情绪，尝试用第三方的视角，理智地面对审稿人提出的批评或建议，思考如何进一步改善自己的文章。总之，有则改之，无则加勉。"此后，李昂积极调整心态，尝试站在审稿人的立场上去思考，他和团队对文章进行大改，又补充更多的实验数据，再次投往 MobiHoc 2020 会议。李昂终于迎来了以第一作者身份在国际学术会议上发表的第一篇论文。随后李昂对自己越来越自信，从 2020 年 4 月开始，他的论文连续被 MobiHoc、KDD、IoTDI、MobiCom、SEC、SenSys 收录，并获得 KDD 2020 最佳学生论文奖和 SEC 2019 最佳海报奖。由于二刷博士的经历，陈老师因材施教，放手李昂指导低年级学生论文，并发表在 NeurIPS 和 CVPR。

大家都说，他的论文发表简直是爆炸式增长，走上了科研快车道。李昂却说所谓快车道只是外界从产出角度看到的结果，背后则是一个长期积累、从量变到质变的过程。他在二次读博期间刻意注意大量理论知识的积累，积极阅读大量文献。除了一直持续关注学术会议和期刊上的论文，还一直关注工业界发展的趋势。同时，曾经在银行的工作经历也培养了他与人沟通的能力，让他能够积极主动地和前辈、同学进行有效的交流。自然，这一切更离不开陈怡然老师的指导，陈老师如灯塔一般在他颓废迷茫的时候为他指明方向。陈怡然老师在各种实验设备的支持上也不遗余力，在能力许可范围内尽可能满足学生的需求，还鼓励学生积极参与国际学术交流，拓展眼界和人脉，从硬实力和软实力上对学生进行双管齐下的培养。

今天，他已经获得了杜克大学的第二个博士学位，结束了在杜克大学充实而美好的 4 年生活，不久将在马里兰大学帕克分校开始教职生涯。回顾过往，李昂始终感念陈怡然老师给予自己人生

杜克大学博士毕业

和学术道路上的影响。陈怡然老师曾在自己的发言里引用影片《无问西东》的一句台词:"如果提前了解了你们要面对的人生,不知你们是否还会有勇气前来。"每个人的青春或许都曾有挣扎、困惑,但庆幸的是,无论在河南大学还是杜克大学,身边都有老师的提点和浸润,让学子们可以少走弯路、回归本心。谈及科研初心,李昂回忆起刚上大学时对乔布斯的崇拜。用不断迭代的智能设备、持续进步的科技,真正改变世界和人类生活,成为李昂最原始的动力,以及做研究的终极目标。庆幸河南大学提供了宽松和包容的土壤,让梦想的种子可以发芽。慢慢接触研究之后,他对科研的喜爱更进一步,因其能给予他最大的自由度:一方面,可以展开想象,去探索他想要了解的前沿领域;另一方面,可以利用前沿技术来改变日常生活,抑或是使其融入社会生产中去解决问题。

记得初入河大校园时,李昂在百年礼堂听到校长说:"今天你以河大为荣,未来河大以你为荣。"李昂说,坚持自己的理想,任何时候都不算晚。之于理想,道阻且长,行则将至;行而不辍,未来可期。如今李昂刚刚踏入教职的职业之路,路漫漫其修远兮,李昂将不懈努力,和千千万万河大学子共勉,立志为母校河南大学增光添彩。在河南大学110年校庆之际,以河南大学学子的身份,猗欤吾校永无疆!

李 昂

2010年6月获河南大学计算机与信息工程学院学士学位，2013年6月获北京大学软件与微电子学院硕士学位，2018年8月获美国阿肯色大学博士学位（Computer Science，即计算机科学），2022年6月获美国杜克大学博士学位（Electrical and Computer Engineering，即电子与计算机工程）。

2022年8月—2023年8月，在美国高通AI研究中心担任研究科学家。2023年8月，将加入马里兰大学帕克分校电子与计算机工程系担任助理教授（tenure-track，即终身教职）。

一粒小种子

张占武

"占武,我确信在今后的某一天,你必将主宰你该主宰的世界。我盼望着这一天的到来,努力奋斗吧,少年!"

1992年7月28日,河大校园内,我挤进簇拥着李小建老师的同学堆里,递上毕业纪念册,李老师挥笔为我写下离别寄语,笔迹苍劲有力,让21岁的我激动不已。彼时,距离那位伟大的老人南方谈话仅过了半年。这几句话,就像一粒小种子埋在了我的心里,时至今日读来仍催人奋进,霸气十足!

与李小建老师(左二)(左一为张占武)

机缘巧合,两年后的7月28日,我南下深圳入职富士康科技集团,有幸见证这家迄今为止全球最大的华人科技制造企业,在改革开放前沿阵地快速成长,我亦与之共同成长。

今年,恰逢母校河大建校110周年。再次翻开那本发黄的纪念册,看着那仍让我心头激荡而又充满期许的文字,我不禁问自己:不知从前那个少年,是否已成长为李老师盼望的模样?

"我想去国外看看"

1988年,我考入憧憬已久的河南大学。大三那年,遇到了恩师李小建老师。李老师是南开大学与澳大利亚国立大学联合培养的博士,刚从澳大利亚学成归国,担任我的经济地理专业授课老师,讲得一口流利的英语。

我的英语基础比较差,然而李小建老师竟意外地让我担任课代表。惊讶之余,我在心中窃喜:"这个老师虽然戴着眼镜,却还挺有眼光的。"英语课件是李老师自编的,我经常需要去领复印的学习资料,一来二往,我跟李老师渐渐熟络起来。李老师不仅特别关照我们这些基础差的同学,耐心细致地讲解问题,还时常关心大家的生活。这样一个专业过硬而亲切的老师,又有谁会拒绝呢?在李老师的启蒙下,我慢慢对英语产生了浓厚的兴趣,加之对李老师的崇拜,便萌生了去国外看看的想法。

大学毕业后,李老师仍不忘鼓励我继续学习深造。李老师去国外访问交流时,还经常给我带回一些学习资料,向我讲述国外的经济发展形势,帮我开阔眼界。

与此同时,富士康开始在全球布局,美国及欧洲国家等的研发中心和工厂相继建立。为响应集团对干部人才的全球化要求,我一直在保持学习,包括英语学习。

"烫嘴"的英语

工作中,一个偶然的机会,我接触到美国费尔普斯教授的《大繁荣》,读后惊喜地发现,费尔普斯教授的经济创新理论与我供职的富士康正积极尝试的课题极为契合：推动成千上万农民工转型为技术工人，并实现创业；通过创新推进企业转型升级。通过美国校友会与导师的引荐，我申请以访问学者的身份赴哥伦比亚大学，跟随费尔普斯教授学习"创新经济"相关理论和应用。

感谢美国校友会各位同学的热心帮助，2019年底，我很幸运地收到了费尔普斯教授的邀请函，埋在心里的种子发芽了。

临行前，时值农历年春节，我先回嵩县老家看望了父母，母亲还有些担心我到美国吃不习惯。然后我还特意去探望了李润田老校长，95岁的老校长听说我要去美国学习，非常高兴。他特别交代我："在美国咱们河大校友有很多，他们会帮助你的，你可要代我问候你的这些师兄师姐。"探望过老校长后，我就动身前往美国。

与李润田老校长（左）

在美国校友会的帮助下，我如约拜访了费尔普斯教授。在哥伦比亚大学，走进他的办公室，当我用"烫嘴"的英语问清楚了教授的办公位置后，我退缩了，又胆怯地溜了出去，坐在办公室外的长椅上，大口喘着气。"我要见的可是诺贝尔经济学奖获得者啊，这可是教科书级别的大佬，而自己一说英语就语塞……"越想我心里就越胆怯紧张。思索良久，我不禁问自己："你可是'铁塔牌'的，连门都不敢进，你还来干吗呢？"终于，我深吸一口气，站起来跺了下脚，鼓足勇气走了进去。

费尔普斯教授非常热情地招呼我坐下,他看了我搜集的他在中国所有的演讲资料后,惊讶于这些资料的全面与翔实。他仔细浏览了我拟定的《费尔普斯在中国》一书的大纲后,逐个章节跟我讨论修改。在一个多小时意犹未尽的交谈中,教授对我在哥大访学的安排进行了规划,并对我在美国的生活关切至极。我不禁感慨,我也许是这位诺贝尔奖得主见识过的最蹩脚的英语交流者了。

与费尔普斯教授(左)

我,也终于得偿所愿,开始了跟随费尔普斯教授在哥大的学习之路,发了芽的种子开始茁壮生长。

"大使"和"神助"

初到美国,人生地不熟,河南大学地理系1986级的胡世雄师兄和中文系1985级的贾新峰师兄给予我很大的帮助。

世雄师兄是美国宾州东斯特劳斯堡大学终身教授,亦是我在河大地理系的师兄。他专程来接我并帮我安排好公寓,还安排自己的侄女带我熟悉环境、准备课程表和学习资料等,同时兼任重要场合的翻译,为我在美国的学习生活开辟了一条"康庄大道",可谓是我的访学"大使"。

如果说世雄师兄是"大使",那新峰师兄就是我的"神助"。新峰师兄现任河大美国校友会会长、纽约龙峰文化基金会主席。在哥大,出入所有学习、研究场所都要刷卡,类似于国内的校园一卡通。新峰师兄是哥大龙峰文化基金创始人,为使我在哥大的研究项目进展更顺利,便想方设法帮我办理了哥大的校园一卡通。我拿着新峰师兄帮我办理的一卡通自由地出入哥大的图书馆、教室等。此外,还能乘坐免费的校车往返于学校、公寓之间,对我的研究项目助力颇多。

值得一说的是,新峰师兄还是我的嵩县老乡。知道我爱吃面,他专门带我去哥大旁边一个叫作"洛阳大叔"的面馆吃过几次。对于一名身在异国他乡的学子,一碗热腾腾的牛肉面就是家乡的味道,满足感和幸福感瞬间爆棚……

有幸成为牵线者

在哥大学习期间,通过就职于纽约联合国总部、时任河大美国校友会会长翟莹的介绍,我与河大师姐林晓东女士见了面。晓东师姐是河大外语系1979级的毕业生,现在是哥大终身教授,也是教育学院耐挫教育研究中心主任,主攻耐挫教育创新研究。

畅聊中,提及当年河大外语系舞会的盛况,晓东师姐激动地说:"占武呀,当年姐要是再晚入学两年,咱们还能在一块儿跳舞呢。"当聊到我此行的主要目的,以及费尔普斯教授获得诺贝尔奖的曲折历程时,晓东师姐希望我能牵线搭桥,找机会采访费尔普斯教授,进行一场跨学科的创新碰撞。

我们一拍即合,我开始与费尔普斯教授沟通,希望促成此事,算作对河大美国校友会同学的热忱回馈,也算为社会做一点点力所能及的贡献。

前些日子,晓东师姐欣喜地告诉我,费尔普斯教授已如期接受了她的采访:"采访很成功,太感谢你了,占武。费尔普斯教授为了这次采访特意准备了几个小时。采访结束后他还激动地说,他没想到,自己都80多岁了,想起当年的那些挫折还能这么激动。"

一想到能够通过自己建立起交流渠道、促成这次采访,我就非常高兴。期待晓东师姐的研究成果早日问世,通过诺贝尔奖得主的曲折经历,帮助人们理解失败的价值,从中体会挫折给予人的无限力量。

小种子开花结果

我回国后,面临的首要任务就是新冠肺炎疫情防控。我对在美国跟随费尔普斯教授学习的"创新经济"理念仍念念不忘,这也给我的工作带来很多启发。作为一家特大型制造企业,公司员工人数多、密度大、流动强,加之生产任务多、订单交付周期紧,疫情防控和复工复产任务艰巨。通过一系列创新措施的实施,公司在短短一个月的时间内实现厂区疫情零感染,达成计划产能目标。

一个偶然的机会,我与国务院参事室特约研究员杨志明先生交谈,谈到在结合国内实际的情况下,我将诺贝尔经济学奖的理念,拿到我所就职的中国台资企业内进行运用,效果卓然。杨志明先生对此高度认可:"占武,这个情况,我们应该形成报告递上去,希望在国家层面发挥参考作用。"

因为在这次抗击疫情中积累了实战经验,所以在随后由杨志明先生牵头组织开展的"稳就业"系列专题调研中,我有幸参与撰写了《百企复工复产调查报告——"稳就业"专题研究之一》《特殊时期应继续为小微网店保就业营造优惠宽松包容的政策环境——"稳就业"专题研究之六》《新一波疫情冲击下制造业企业缺工情况快速调查及对策建议》三个报告,经国务院参事室呈报,得到国务院领导批示。与此同时,这也为众多企业应对疫情、复工复产提供了可供参考的现实范例。多年的种子终于开花结果了。

回首30年前的青葱岁月与少年心志,我感慨万千:一定是特别的缘分,让我在河大遇到了恩师——李小建,他在我走向社会前赠送了我一粒"种子"。在美国一月有余的访学期间,河大美国校友会多位会长及校友的帮助,让身在异国他乡的我,感受到来自母校河大人的温暖。同时,作为一名师承河大的企业管理者,我将继续尽自己所能回馈母校、贡献社会。

再回首,1912年到2022年的110年间,从河南留学欧美预备学校,到国立河南大学,再到如今的"双一流"大学,母校河大哺育了一代又一代大河儿女,河大校友也遍布海内外。饮水当思源,无论身在何处,我们都是永远的河大人!

谨以此小文献给110岁的河南大学,祝您生日快乐!

张占武

河南大学地理系1988级学子,享受国务院特殊津贴。现任富士康工业互联网股份有限公司监事、副总经理,中国劳动学会副会长。

二胡声中忆求学

杨长法

我有一把心爱的二胡，带着它我跨越了大洋，从东方走到了西方；从懵懂少年到美国500强企业的金融分析总监，我的二胡一直陪伴在身边。闲暇时刻，我总会怀抱着它拉动琴弦，让悠扬婉转的乐曲声回荡起来。如梦如幻、如泣如诉的声音中，我的求学生涯、我曾经学习并工作过的母校河南大学，一幕幕不由浮现在眼前。

我出生在20世纪60年代豫东一个典型的小村庄，祖祖辈辈生活在这片土地上。当时国家的高考制度还没有恢复。上小学四年级的时候，我们乡（当时叫公社）要在镇上的中学成立一个文艺班，从乡里各村的小学选学生。我有幸被选去了文艺班学拉二胡。那个时候如果能够学会一门手艺，会让一成不变的沉重生活变得轻松一点儿。于是我在小学四年级的时候，就开始摸起了二胡，也许是还算得上聪慧灵巧吧，我很快就把二胡拉得有模有样。在文艺班期间基本上是不上文化课，整天除了排练，就是随着宣传队（当时叫毛泽东思想宣传队）到各乡村演出。年少的我感到很风光，也很快乐。就这样，一转眼五六年过去了。

后来高考制度恢复，我哥哥于1980年考上了中专，成为我们村第一个走出农门的学生。这个时候学校决定解散文艺班、成立剧团，文艺班的学生可以选择继续留在学校、插入普通班把高中读完，也可以参加剧团。文艺班的几十人都去剧团了，我也非常强烈地想去剧团，完成自己当一个琴师的梦想。但是梦想被我父亲坚决打断了，我父亲是民办教师，他认为知识才是力量，非要让我留下来读书考大学。

当时的我非常不理解，甚至记恨父亲。俗话说"胳膊拧不过大腿"，最后我还是不得不留下读书。由于在文艺班时几乎不学习文化课，我的数理化知识非常匮乏，别说上大学了，连考大学都不敢想。幸好我遇到了严格的老师，当时的宋校长教政治课，非常严厉，我还记得他有一句名言——"铃不灵等于零"，就是说学生不听上课铃声指挥，不好好学习，以后的考试成绩就是零蛋。在这种氛围下，我收心学习功课，用了一年多时间逐渐赶了上去。刚插进普通班时我的成绩最差，后来成绩越来越高，以至于有一次我考了最高分却被宋校长认为是作弊。面对他的质疑，我没做任何解释，只回答一句"咱高考见"！

高考那年正规班报考有理科（不考历史、地理）、文科（不考物理、化学）和外语专业（不考数学、物理、化学）。我父亲给我出主意说："你数理化基础不好，可以报考外语专业。"外语专业的5门考试（语文、政治、地理、历史、英语）几乎都是靠死记硬背的。说来我的运气还不错，我参加高考的1981年是最后一年报考外语专业的考生数学不算分的，之后才逐年逐渐加入总分。于是我爆出冷门考上了河南大学（当时还叫河南师范大学），不仅是文艺班唯一考上大学的，也是我们这所中学少数考上本科高校的学生之一。

大学，成为我一生中最大的转折点。这个有着悠久文化历史的古城开封，给我的人生打开了一扇门，使我看到了更加多姿多彩的世界。多才多艺的我更是如鱼得水，原本文艺班童子功的吹拉弹唱自不用说，河大校园里的大礼堂、小礼堂等处都曾有我演奏二胡的身影。我还学会了摄影，把废弃的厕所建成暗房冲洗黑白照片，拍摄的校园景观图片还登上了河大校报。大学生涯使得我的思想开阔了，我从一个读书只为"吃商品粮，娶上媳妇"的农家子弟，转变成为有着更高、更远大理想和社会抱负的大学学子。

  大学4年，我不仅刻苦学习外语专业，还萌生了学习法律的愿望。我敏锐地感觉到中国的法制化进程一定会让律师的职业蓬勃壮大。我一直认为外语只是一门工具，以后要取得更大的发展必须要有一个强硬的专业。我把自己今后的发展方向定位在国际法，一是随着改革开放的步伐，国际法方兴未艾；二是学习国际法更能够发挥我的外语专业优势。

  于是我在外语系上课之余，经常去政教系（当时河大法律系还没有成立）旁听法律课程。政教系只有两三位老师讲授法律课程，我依次听完了法学概论、民法、民事诉讼法、刑法、刑事诉讼法、经济法、国际公法、国际私法等法学课程，有些课还参加了考试，甚至还取得了不错的成绩。当年考研，我报考了上海海运学院魏文达教授的海商法研究生，可惜名落孙山。在1985年我毕业前夕，河大恢复法律系。吴祖谋先生负责河大法律系的筹建，并从政教系、外语系、历史系等系选拔应届毕业生留校，然后送到中国政法大学读双学位。这简直就是为我量身定做的职位，我积极报名，并有幸被选中，成为第一批8名留校法律系学生中的一员。当年夏天，当我按照报到时间到达时，才知道不知何缘由竟被分配到了历史系。

  河大学生中流传着一句顺口溜，即"外语系洋里洋气，历史系土里土气"，因为一下子从洋气到土气，更是因为我的职业理想突然被截断，说实话那时我很有抵触情绪，甚至拒绝去历史系报到。就这样僵持了两个多月，后来历史系的老师找我做思想工作，给我讲述了历史系在整个河大乃至整个河南高校的地位和价值，其中提到的历史系跟美国西怀俄明社区学院作为友好校际关系经常互派教师这一信息让我动心，最终我还是去了历史系，虽然还有几分无奈。

  我到历史系后参加了一个不授硕士学位的研究生助教班，这是河大历史系、华中师大历史系联合办的班,业余时间上课,我当时还被选为班长,历史系的张九洲教授是我们助教班的班主任。和我同班的同学大都来自省内其他高校。许多同学后来都有所作为。我在历史系任教 8 年,讲授世界近代史和近代国际关系史课程。除了授课,我还曾任河大电脑排印研究所所长,当时历史系在全省高校中率先引进了激光排版打印,开创了河大电脑排印的新纪元。古人说"读史使人明志",历史系的生涯,促使我阅读了大量史书,特别是近代国际关系史、美国史以及历史人物传记。法学和史学,都开阔了我的视野,提升了我的人生目标。

1993 年,我踏上西去之路,到美国西怀俄明社区学院进行为期一年的访学,为那里的学生讲授中国历史、中国旅游、中国文化等几门课程,让他们更多地了解了中国、了解了东方文化。

一年时间飞快,快要结束之时,继续读书的想法又涌上心头。我想,既然来美国一趟,机会难得,干脆读一个硕士再回去。留在高校任教需要更高的文凭,这样以后我再给河大学生讲美国史也更有底气。我向河大提出申请,学校也同意了。那个时候申请时间基本快截止了,我匆忙填写了一些申请表格,考了托福,赶紧投出简历。先后收到几个学校的录取通知,但是需要交学费,可是我苦于没有钱。后来西弗吉尼亚的马歇尔大学来信要求电话面试,我和历史系的研究生导师 Dr. Robert Sawrey 通了话,我 8 年大学老师的工作经验和跨界跨科目的经历,给他留下了深刻印象。之后我收到了学校的正式录取通知书。Dr. Sawrey 得知我的困境后,告诉我说当时历史系的奖学金早已派发完毕,但是他向校长为我申请到了特别的研究生助教职位。研究生助教除了学费全免外,每个月还可以拿到一些工资,但是每周要服务 20 小时(替教授给本科生低年级学生讲课、批改作业、查资料等)。于是,我开始在美国攻读硕士。

2013年重回母校

在读历史硕士到一多半的时候,我渐渐习惯了这里的生活,有了留下来的念头。当时母校的师资队伍逐渐强大,对于没有高学历的青年教师去留的管理较为宽松。得知河大党委书记王才安、副校长田继善教授和国际合作与交流处(当时叫外办)方文常处长1995年11月来美国访问,在我的极力促成下,马歇尔大学国际学生处处长William Edwards和我一起,驱车从西弗吉尼亚州到俄亥俄州去看望王才安一行。马歇尔大学国际学生处处长代表校长向王才安书记表达了马歇尔大学想与河南大学建立校际关系的愿望,并邀请王书记一行到马歇尔大学进行了参观访问。借此时机,我也向王才安书记表达了想继续在美国深造的愿望。王书记当时就表示支持年轻教师深造,并说不管以后在哪里,回河大与否,都是河大人。

由于我来美国是J-1签证,按照美国法律,持J-1签证有回国两年服务的义务。如果想在美国待下去,就必须申请豁免,由派出国的大使馆出具无异议声明。要大使馆出具无异议声明,就必须先由原派出单位和其上级主管部门批准同意。在这里特别要感谢母校同意我留在美国,感谢河南省教育厅的批准。

办成这些手续之后,我开始认真地考虑自己以后的职业。当时美国史硕士已经读了一大半了,读历史出来也只能到大学教书。而去美国的大学教书,硕士毕业后至少还要读3年以上的博士。我喜欢历史,但是出于诸多原因我考虑转专业。当时有两个特别热门的专业:计算机科学和工商管理硕士。外语和历史都是我被动选择的专业,到了我唯一自主选择专业的时候,我很慎重。很多读计算机的当时只读几门课,就可以找到很好的工作,但是计算机专业毕业后整天要跟机器打交道,相对于整天坐在计算机前编程序,我更喜欢跟人打交道,所以就决定读工商管理硕士。

在跟商学院的导师谈过并被准许去商学院后,我跟历史系的导师 Dr. Sawrey 有过一次很长、很沉重的谈话。我告诉他说我想放弃历史,去商学院读书。他很吃惊,并告诉我说他已经跟他在肯塔基大学的导师说好了,我硕士一结束就去他原来的导师那里读博。但是我是无心再花至少3年的时间去读博。谈到最后,导师说:"这样吧,你想去读商学院,我也不拦你。但是你不需要放弃历史,历史学你已经读了一大半了,以你的能力,完全可以两个硕士同时读。到时间如果真的读不下来,再放弃历史也不迟。"

我接受了导师的建议,同时攻读两个硕士,这意味着不但要比其他同学选更多的课,还要做研究生助教,而且由于我本科不是读的商科,要读工商管理硕士,就必须先完成12门本科的基础课程(美国很多硕士也就是12门课程,36个学分)。当时我太太在打工,家里唯一的一辆汽车她开去上班。我天天骑自行车去学校。然后下午3点多骑车接女儿放学。接上女儿后,再去学校图书馆。学校的图书馆有录像,女儿可以看动画片录像,我在缩微胶片机器上面查资料。有时候看录像的地方会被别的同学占去,后来图书管理员知道我和我女儿几乎每天都在那个时段过去，就专门给我女儿预留了看录像的地方。就这样从1994年到1997年三年里我拿到了美国历史和工商管理两个硕士学位，是当年学校毕业生中唯一的一人。

在我繁忙的读研期间，我还尽量挤出时间到公司实习，虽然当时实习没有任何薪水，但是我坚信学以致用的目的。1997年，我在工商管理硕士毕业之际，就得到了三个面试机会，三个单位都先后录取了我，

2015年毕业30年，与同为河大外语系校友的太太回母校

衡量再三，最终我选择了顶级证券公司——美林证券（Merrill Lynch），然后举家搬迁到了宾州。这是我在美国的第一份工作，可是却工作了不到一年时间。1998年初，美国500强能源公司UGI能源公司发布了在中国投资合资公司的消息。1998年2月，我入职了UGI。同年10月，被UGI外派到中国南通任中美合资南通华洋液化气港口有限公司第一任首席财务官（CFO）。

当年这样的能源合资公司在中国尚属少见，我作为外派职员也是三个高级职员中唯一的中国面孔。我做财务预算工作的同时，力图把美国先进的管理方式带回国内。由于热心公众活动，我被南通市经济开发区国税局聘为义务监督员，作为著名合资公司高管监督税务工作。在公司里除了财务之外，我还做并购收购，收购了南通周边地区例如泰州液化气通气站等，为周边居民提供便利的生活。

2007 年考察上海液化气市场

2002 年我回到 UGI 美国总部，一直工作至今，一晃 20 年了，职位也从审计师、并购经理、金融分析经理升到金融分析总监，被公司老板称为"功臣"，为公司发展壮大立下了汗马功劳。目前我正在做的是公司新能源并购中的资料数据分析、项目审核预测以及尽职调查。从乐器演奏到外语语言，从致力法学到教授历史，从大学老师到投身商界，回想起来，我的人生中一次又一次转身，其中有客观因素，也有我的主观选择。

2019 年 2 月美国河南同乡会春节联欢

不知不觉已经在美生活了快30年了，见过我的中国朋友都说我是"乡音未改，两鬓未衰"，这可能源于我积极向上的生活态度与乐观精神吧。我一直热衷公益慈善和社区服务，在马歇尔大学读书期间的1995年和1997年，我做过两任的中国学生学者联谊会主席，联络中国驻美国大使馆文化教育参赞，举办多种形式的联谊和慰问活动，举办国际节，并把宣传介绍中国的书籍、录像带传播给留学生和美国当地学生。我还历任亚都华人协会（Upper Dublin Chinese Association）常务理事、美国河南同乡会（Henan Association of America）常务理事、瑞城华人协会（Reading Chinese Association）主席、河南大学美国校友会（Henan University Alumni Association of America）副主席等社团组织职务。在2020年新冠肺炎疫情暴发时，积极组织发动当地华人华侨为国内捐款捐物，同时为美国当地的医院、警局、消防局捐赠口罩和手套等防疫物资。在2021年夏河南部分县市发生水灾之时，协同美国河南同乡会组织当地华人华侨捐款资助了受灾比较严重的卫辉市和扶沟县的213名家庭的应届大学生。最近我又有幸被聘为河南大学美国校友会至善综合研究院义务研究员。从2000年开始，每年（2020年由于疫情没有举办）我都会参加数十次5公里公益慈善长跑，不仅是为自己强身健体，同时也是为公益事业筹措资金，回报社会。2018年2月，河南省文化厅访美艺术团到达费城，在演出活动中，我非常有幸与访美艺术团团长、河南豫剧一团团长王惠合唱了豫剧《朝阳沟》选段，并与河南演艺集团二胡首席、毕业于中央音乐学院二胡专业的孙凯女士一起登台献技，联手演奏了《赛马》《茉莉花》等著名曲目，博得了中美两国观众的热烈掌声。

俗话说"曲不离口，拳不离手"，我的二胡还一直陪伴着我。当我摆弄起二胡的时候，除了那些耳熟能详的名曲，母校校歌不时在我的指尖回荡："嵩岳苍苍，河水泱泱，中原文化悠且长……民主是式,科学允张,猗欤吾校永无疆。"我还经常翻看那一本大学同学留言册,这么多年来我搬迁多次,舍弃丢失了许多物品,这些册子一直都在。如今再看看那照片上的笑容,耳边仿佛又响起同学们叫我"long hair"时那熟悉而亲切的声音,回想起校园的一草一木,回想起人生的起起伏伏。

杨长法

1981—1985 年在河南大学外语系攻读学士学位。1985—1993 年在河南大学历史系任教。1993—1994 年在美国西怀俄明社区学院做访问学者。1994—1997 年在马歇尔大学攻读美国历史和工商管理硕士学位。1997—1998 年在美国美林证券工作。1998 年至今在美国 UGI 能源公司工作(金融分析总监)。

历任马歇尔大学中国学生学者联谊会主席、亚都华人协会常务理事。现为瑞城华人协会主席、河南大学美国校友会副会长、美国河南同乡会常务理事。

从河大到哥大，我的留学生涯

武进锋

母校河南大学110年校庆来临之际，上海校友会与美国校友会召开联席会议，共商协同发展和校庆献礼。看到这么多在美国发展的优秀校友，我想起了自己在哥伦比亚大学的留学生涯。

从河大到哥大

1993年，我以优异成绩考入河南大学攻读法学学士学位，大学二年级下学期就以82分的成绩考过了英语六级。我还常去英语角练习，所以听说能力都还不错。当然，当时这一切不是为了留学，而是为了进步。

毕业那年，我考入北京大学法学院的民商法专业攻读硕士学位。北大国际交流的机会多，有个同学就曾以交换生的身份去美国的法学院短期学习了几个月，还有两位优秀的同学提前一年研究生毕业，前往

河大礼堂前

美国顶尖的耶鲁和哈佛法学院读硕士。不过,我从来没想过自己会留学,甚至拒绝了导师希望我考博的建议,因为经济条件不允许,我要工作。

北大未名湖畔

2000年毕业后,我来到华为技术有限公司法务部工作,先是进入新设的国际组,参与很多重大的跨境项目的谈判。两年后,又被公司派往马来西亚工作,负责华为在整个亚太地区的法律事务。此后,我在马来西亚吉隆坡的双子塔上,开始了为期3年的驻外工作。这期间,我跑遍了亚洲12个国家,在全英语的环境中工作,为华为公司在亚太地区的机构设立、业务模式探索以及法律与合规工作打下坚实的基础,很忙很累,也很充实。2005年我被调回总部,担任刚刚设立的海外法务部常务副部长。此后,我招聘和培养华为的国际法务人才,将他们派遣到全球各地,并在当地招聘法律人才,参照跨国公司的模式建立华为的全球法律团队。在我的努力下,华为的国际法律团队从无到有,成为外籍员工占大多数的超过100人的跨国团队。

因为一直从事国际法律事务,我非常注重通过工作提升专业能力,以及通过不断的自学补充强化自己在英美法律方面的知识和运用能力。但工作中零星的自学已经不能满足我对自己的要求。2009年的秋冬之季,我向美国多所学校递交了申请。次年春季,我收到多个学校的录取通知,包括乔治城大学、杜克大学、弗吉尼亚大学和哥伦比亚大学。这几所学校的法学院都是美国排名前十四的一流法学院,其中,哥伦比亚大学的法学院位于纽约曼哈顿,地理位置优越,且在高校法学院中排名第四,仅次于耶鲁、哈佛和斯坦福,于是我选择入读哥大法学院。虽然这时候我在通用电气广州办公室工作才半年时间,还是毅然决然辞去工作,带着妻子和才3岁的孩子,踏上了留学的路程。

别开生面的法学学习

哥大法学院的硕士课程基本上可以自由选择,由于我已经工作了10年,因此,我知道自己应该学些什么。第一学期,除了必修课比较法视野下的美国法以外,我选了三门课,分别是合同法、公司法、并购,其中前两门是哥大法学院教授讲授的基础课,而并购课则由两位纽约大律师来讲授。第二学期我选了证据法、反托拉斯与贸易管制、保险法、私募基金、破产重整共五门课,前两门课是哥大教授讲授,后三门课都是纽约的大律师来讲授。

第一学期感受最深的是并购课,两位老师都是哥大校友,在华尔街最著名的律所 Wachtell, Lipton, Rosen & Katz 担任合伙人,每周二晚上,两位老师都不辞辛苦地放下手中繁忙的工作从纽约中城的律所赶到法学院授课。因为这是一个研讨课,选这门课的学生很多,但只有20人能够入围,我很荣幸能够进入最后的名单,选上这门课。课程包括课前作业、课堂讨论和分组任务,形式十分活泼。基本上每次课程老师都会提前布置作业,主要是起草各类法律文件,阅读关于并购的律师实务技巧的文章;在中后期,老师还把班级分为四个小组,两个小组扮演收购方,两个小组扮演出售方,然后分别起草法律文件并且捉对谈判条款,两位老师在旁点评。课程中期任务完成后,两位老师还请大家吃饭。当然,美国人的请客也很简单,就是在哥大附近的一家意大利饭店,选择不同的比萨,吃完了再上一盘。课程最后一次大考是在纽约中城的律所办公室进行,几个小组以惠普收购康柏的交易文本为背景展开谈判。这个课程让我可以和来自美国以及其他国家的同学在一个小组里共同完成任务,并且唇枪舌剑,学到了不少东西。这次大考完成后,我们就在律所共进大餐,其实是中式自助餐,看来中餐在美国人眼中还是很有味道的。

哥大图书馆前

第二学期比较感兴趣的有两个课程,一个是反托拉斯与贸易管制,相当于国内的反垄断法和反不正当竞争法,授课教授 Harvey J. Goldschmid 毕业于哥大法学院,曾经担任美国证监会的委员和总法律顾问,是非常资深的法学家。他有丰富的监管机构工作经验,讨论起具体的法条和案例时,不仅仅讨论法律本身,还讨论相关的政治、经济和社会背景,十分引人入胜。可惜的是,我对美国历史和社会的了解有限,很难参加课堂的深入探讨,但是,这门课程还是让我对美国产生了不同的感觉。虽然美国是比较纯粹的市场经济国家,但它也是最早制定反托拉斯法的国家,通过政府的反垄断执法,避免经济陷入寡头垄断,确保市场保持充分竞争和活力,因此,美国的公司才非常具有活力,并且也非常重视合规。这些经验,对于发展中的中国,有着极好的借鉴意义。

另外一个是破产重整,授课老师 Harvey Miller 非常大牌,是著名律所 Weil Gotshal & Manges 的合伙人。每次讲课,他都带 4 个助理到教室,把第一排中间的座位全坐满,真是派头十足。第一次上课,一开始他就让助理播放了一部美国财经电视频道的短片:金融危机的前夜,雷曼兄弟确定要破产了,于是雷曼兄弟的总法律顾问拿起电话,联系破产法律师,而接电话的,正是 Harvey Miller。这位老师,也是哥大校友,是美国最著名的破产法律师,被称为"破产之王",曾处理过德士古石油公司、梅西百货、通用汽车、大陆航空等大公司的破产案,当然,最著名的就是雷曼兄弟破产案,据说他办理这个案子为律所赚了 3 亿美元的律师费。这个开场白真是非常吸引人,而且当时美国金融危机刚刚过去不久,大家对破产重整非常感兴趣,所以都很喜欢听他的课。破产重整,讲的就是著名的美国破产法典第 11 章,经过重整,企业"凤凰涅槃",得到重生,产业得以保留,大部分员工能保留工作。当然,原来的股东就会出局,需要新的投资者入局了。在课堂上,老师发出灵魂一问:"市场是万能的吗?可以通过市场解决一切问题吗?"很多美国同学回答是。但是,老师说,如果市场是万能的,就没有金融危机了,也就不需要破产法了。中国也有破产法,但只适用于企业,不适用于个人。而且,大多数企业没有经过破产程序就关门倒闭,老板也"跑路"了,债权人血本无归。所以,一个完善的经济体,不仅要鼓励创业,也要有一套完整的信用体制和退出机制,破产和重整就是其中最重要的一项。

这两位 Harvey 老师在 2015 年都去世了,而在给我们讲课的时候,他们都已经是 70 岁上下的年纪了,依然精神抖擞,坚持工作。可以说,美国人的自信、乐观和勤奋,给我留下非常深的印象。

另外一个印象,就是美国人很重校友情谊,哥大法学院的大楼和学生宿舍,都是校友捐赠,以校友的名字命名。还有不少一家人在哥大任教的现象。而在法学院兼职授课的校外老师,几乎清一色是哥大法学院校友,他们在纽约律师界功成名就,仍不辞辛苦地返校授课。

多姿多彩的留学生活

除了学习外,留学期间的生活也是多姿多彩的。

我入学这一年是 2010 年,中国加入世界贸易组织已 9 年,经济上得到大发展,人们的生活水平已经得到极大的提高。这一年,中国的 GDP 超过日本,成为世界第二。在哥大法学院读书的中国学生,全都来自中国的一线城市,毕业于知名的大学,有着薪酬颇丰的工作。所以,虽然在哥大的中国学生基本上都是自费留学,但是大家的生活条件并不差,学习之余,节假日有条件出外旅游。

美国的大学是没有食堂的,而且美国餐馆的菜单实在太简单,所以对于中国留学生来说,如何填饱自己的胃是个大问题。好在,哥大法学院经常在工作日的中午举办讲座,请各界贤达来讲课,每逢这种场合,主办者都会发放简餐,听课的人都会在阶梯教授里排队领取,每人两块比萨、一罐可乐。据说,因为经济危机,很多学校都发不起简餐了,哥大法学院算有钱的,还能提供免费午餐,只是比萨从荤的变成素的了。

为了解馋,我和爱人自学成才,学会了做手擀面,但我们还想尝尝烩面。后来,我们发现法拉盛有家南阳人开的烩面馆,一碗烩面下肚,感觉特别舒畅。只是从曼哈顿上城往返法拉盛一趟要几个小时,时间成本太高了。再后来,烩面馆开到了曼哈顿的唐人街,是福建人从法拉盛的河南人处学艺后开的分店,不但有烩面,还有烧饼,所以,但凡周末有空,我都要去光顾一下这家店。不过,这家店的老板娘从没去过河南,她想在店里挂两张能够代表河南的画,我建议她挂张洛阳的牡丹或者开封的《清明上河图》。也不知道,后来这家店是否挂上了几张代表河南文化的图画。

艰苦的学习之余,我们也常出去玩,纽约市本身的景点自不必说,自由女神像、大都会博物馆、联合国大厦都去看过。假期我们也常去外地游玩,美国是个车轮上的国家,所以我办理了国际驾照,每次出去玩,都在当地租辆汽车,开着车走四方。每次旅游都是自助游,很少参加旅行团,这样可以更加深入地了解美国的风土人情。秋天我们去佛蒙特州看过红叶,还去过尼亚加拉瀑布。圣诞节我们去奥兰多的迪士尼乐园游玩并且坐了几天游轮。春季假期,我们又去了加州和拉斯维加斯,看到了大峡谷。短短一年,我们尽最大努力去到美国的更多地方。美国的乡村也十分优美和宁静,让人丝毫感觉不到贫穷和落后,更像是富裕和文明的象征。

毕业季的再接再厉

平常学习还是挺苦的,因为语言和文化的差异,中国学生与美国学生一起上课还是蛮吃力的。而且美国是判例法国家,每门课的教材里面都是冗长的案例,需要提前预习才能跟上课程进度,有些课老师也会布置课后作业,所以,白天上课,晚上还要预习明天的案例或做布置的作业,经常要看书到11点左右才能结束。

考试季更是相当难熬,有的研讨课交篇论文就行,但要搜集材料写作,也是相当花费时间的。有的课程虽然是开卷考试,但是却相当难,光案例本身就好多页,看完后只有很短的时间思考解题思路,然后就要奋笔疾书,真正翻看书本的时间很有限。我记得有门课程的开卷考试时间是5个小时,基本上从头忙到尾,没有一刻是轻松的，根本不可能提前交卷。好在都是用电脑做题，不然写这么多字，真的是要把手脖子都累酸了。考试前的那段时间，基本上每天都复习到将近 12 点，教室和图书馆的座位也人满为患，有时要找半天才能找到位子。

我留学这年已满 35 岁了，体力和精力都不及比我年轻近 10 岁的同学们，虽然用尽全力，大部分课程也只拿到了 B+、B，甚至有一门 B−，没有一门拿到 A 的。但是年轻的同学中有学习特别好的，一个来自上海的女同学，几乎所有课程都是 A 级别的；还有一个来自上海的男同学，虽然大家只要选 24 个学分的课程就可以，但是他顶格选了 30 个学分，学业特别重，但他还是咬牙坚持了下来。

在哥大的学习时间其实很短暂，10 个月后，无论如何，我们毕业了。当年 5 月 18 日的哥大校园，到处都是穿着学位服的学生，也有一些家长从全球各地赶来参加孩子的毕业典礼。这一夜，纽约帝国大厦特地为哥大毕业生点亮哥大的幸运色——蓝色。

毕业后，大家并不敢放松，因为几乎所有人都要参加 7 月底的纽约州律师资格考试。我每天坐地铁到 59 街附近的律考培训班学习，通过这个培训班，把法学院没有学到的美国和纽约州法律的基础课程都学了一遍。培训期间，每天中午去附近一家川菜馆就餐，味道真不错，也算是单调生活的小调剂。两个月的时间转瞬即逝，很快就到了律考的时间。考试的地址在纽约中城的一个大展览馆内，里面摆着上千个桌椅，来自全美的法学院学生都来考试。考试分两天进行，第一天是各州通用的试题，主要是几百道选择题；第二天是纽约州法律，主要是应用文和案例题，这一天写的比较多，好在是用电脑答题，我才顺利做完了题。两天考试期间，中午休息时，很多学生就在考场外买个三明治或汉堡充饥。不过，我是不会这么亏待自己的，每天中午，我都会步行十几分钟到一家中餐馆,坐在空调房间里享受美食,然后慢慢走回去,精力充沛地开始下午的考试。

纽约州的律师资格考试终于结束了,我们的纽约学习生涯也即将结束,除了个别同学留在美国外,绝大多数同学选择回国,其中有几个同学去了香港,剩下的大多在北京和上海的律所工作。在离开美国之前,大家结伴来了场毕业旅行,我们这一队有10个人,大家飞到盐湖城后,分别租了两辆车,从盐湖城开到黄石公园,沿途欣赏美国壮丽的河山,秀丽的景色美不胜收。离开黄石公园之后大家分道扬镳,有的回国,有的继续下一程旅行。

后来律考成绩出来了,参加考试的30位中国留学生,有29位通过考试,通过率97%,可能比哥大JD(法律博士)的律考通过率还高,可见,中国留学生有多么刻苦。

河大人的荣光

北大虽然是中国第一所国立大学,但是从某种程度上,却更像是一所留学欧美预备学校,即使是留学率相对较低的法学院,在大约110名同届北大研究生同学中,至少有8人在美国排名前四的高校法学院留学,如果加上在其他美国高校法学院留学的人数,可能更多。而我的本科院校,河南大学,最初是河南留学欧美预备学校,在新中国成立后,被改制成地方院校。所以,河南大学的学生长期以来只能在河南省内工作,直到高校扩招以及毕业生完全自主择业后,河大的学生才实现跨省工作。2000年后我到深圳工作了10年,只有后来到深圳工作的两位河大同班同学能联系上,也没有见到其他校友。在纽约更是如此。我甚至在想,难道我是河大法学院第一位到美国留学的学生吗?

回国后,我到上海工作,先是做几家公司的总法律顾问,后来转做执业律师,我的客户涉及高科技、制造业、消费零售以及娱乐行业。由于我早年在华为工作时接触国际仲裁比较多,十分喜爱仲裁这种争议解决方式,目前我担任了国内 8 家仲裁机构的仲裁员,每年审理数十起仲裁案件。除此之外,我还在两家公司担任独立董事。可以说,从河大法学院到哥大法学院,多年的法学教育和从业经验,给了我信心和勇气,在强手如林的上海滩律师界,我也算站稳了脚跟。

除了本职工作以外,在上海的十几年里,我开始积极投身校友会工作。2016 年 1 月 9 日,河南大学上海校友会法学分会成立,我被推举为第一任会长,后又连任一届。在任期间,我组织大家办理会刊,组织各种活动,并在母校法学院设立上海校友会助学金,使得法学分会连年被评为优秀分会,并且不断壮大,现在已有 200 多位校友。

现在的河南大学,也不再是一个封闭的内地大学。母校在深圳和三亚分别设有研究院,与国外大学合作建设河南大学迈阿密学院以及欧亚国际学院,并且设立国际汉学院招收外国留学生。在上海的校友中,也有去美国留学的,甚至有美国留学后回到上海工作的。今年,母校迎来 110 周年校庆,上海校友会与美国校友会召开联席会议,让我看到许多在美国发展的杰出校友。想到自己当初的留学经历,于是写下这篇短文,纪念自己的留学岁月,献礼母校 110 年校庆,同时,也希望更多的河大学子走出河南,走向世界,在更大更好的舞台上展示自己的聪明才智。

武进锋

毕业于河南大学、北京大学和哥伦比亚大学法学院,是中国和美国纽约州执业律师,从业 20 多年,兼任中国国际经济贸易仲裁委员会、上海国际仲裁中心、深圳国际仲裁院、上海仲裁委员会、天津仲裁委员会、南京仲裁委员会、武汉仲裁委员会、沈阳仲裁委员会等8家国内主流仲裁机构的仲裁员,同时担任江苏恒辉安防股份有限公司、太平基金管理有限公司的独立董事。

曾在华为技术、通用电气、达芙妮等企业担任法务高管,其中,在华为法务部工作10年,是华为国际法务团队的创始人。熟悉企业法律风险管控并擅长争议解决,代理及作为仲裁员、首席仲裁员、独任仲裁员共处理上百件案件,涉及基金、投资并购、股权转让、对赌协议、特许经营、国际贸易、技术开发、著作权侵权、买卖、租赁等类型。经常受邀在各种场合讲授法律实务课程,服务的客户涉及高科技、制造、零售、娱乐等行业。

曾担任河南大学上海校友会法学分会第一任和第二任会长,目前担任河南大学上海校友会副会长,是河南大学上海校友会活动的积极组织者和参与者之一。

师恩难忘山高水长

胡世雄

时光荏苒,岁月如梭。不知不觉中冯兴祥老师驾鹤西去已经一年半了。值此河大 110 年校庆之际,兹回忆冯老师教导我成长的几件事,于自己聊慰心中遗憾,于恩师祝愿安息九泉,于来者常记师道至远。

缘起:从做课代表到学做科研

冯兴祥老师(前)在野外考察

我的心中一直铭记着冯老师的生平:冯兴祥教授,河南内乡人,1932 年出生,1951 年考入河南大学地理专业,毕业后在郑州大学、河南大学地理系从事地质地貌和自然地理学的教学与研究工作,至 1994 年退休。母校对于冯老师的评价为:他为河南的地理教育事业和河大的地理学科发展奉献了一生;几十年来,他兢兢业业,敬业爱岗,严谨朴实,关心学生,深受师生的爱戴。至今河大的东英自然博物馆还珍藏有不少冯老师带领学生采集的珍贵的地质标本。冯老师给我们地理系1986级开设过第四纪地质选修课,其夫人闫老师(几年前也已仙逝)给我们讲授过中国自然地理。

我与冯老师是内乡老乡,可惜当初入河大时生性胆小卑微,只是听说他是老乡,从来没有胆量和意愿去拜访一个大教授。一晃儿到了大四,终于有机会见到冯老师,是因为他给我们年级开了选修课——第四纪地质。当时已是临近毕业阶段,同学们都开始奔忙着找工作,选修课难以找到合适的同学自愿做课代表,我作为班级学习委员,只好代行课代表之职,帮冯老师记考勤和收作业。冯老师当年从河大毕业后,曾到北京地质大学进修,理论和实践知识扎实,所以课讲得极好,复杂的地质结构和构造运动,都有野外的实例和图表说明,深入浅出,很容易理解掌握。通过这门选修课,我和冯老师结下不解之缘,更没想到这种缘分后来影响了我的整个人生轨迹,使我终身受益。

冯兴祥老师(右)在野外考察

专业知识上,因为修了第四纪地质课,冯老师给我打开了认识地球260万年以来的发展和人类演化历史的一扇窗户。通过这扇窗户我看到古人类生存与自然环境的相互影响,看到了第四纪冰川和沧海桑田,更看到了人类在浑然天成的大自然面前是多么渺小,由此明白人类要顺从大自然演化规律,天人合一,和谐相处。也正是因为觉得冯老师的课堂生动有趣,我大四的毕业论文就选择了"三门峡盆地古人类生存环境"的研究课题,由冯老师指导我和同学李保兴一起完成。野外考察前,看到冯老师给我们展示他和研究生在三门峡黄土高原地层中发现的古人类"豫灵人"头盖骨化石,觉得很新奇有趣,于是满怀信心开始研究,结果发现做科研居然这么辛苦,差点儿半途而废。后来在冯老师的热心指导下,我发现了做科研的乐趣,从而培养了一辈子做科研的动力及基本能力。

缘深:从野外考察到火车夜谈

现在回忆起来,那时候的野外考察的确很辛苦。我们两个同学在冯老师的带领下有路的地方就坐三轮车(当地人叫"蹦蹦车",很名副其实),一路颠簸,风尘仆仆;没路的时候就开动自己的"11号车"(两条腿的别称),沿着黄土塬峁梁的悬崖峭壁,上坡下沟,取土采样,风餐露宿,艰难跋涉。半个月内走遍了三门峡盆地的东西南北(注:三门峡盆地东西长约120公里,南北宽约40公里,南邻小秦岭和崤山,北邻中条山,东接韶山,西毗渭河谷地,黄河自西向东流经盆地中间)。记得当时去了焦村塬、朱阳等地,并到了豫灵镇的头盖骨化石发现地,经过挖掘这一地层,真的找到了多件石质三棱刮削器、砍砸器、尖状器、石片、石核等旧石器,让我突然觉得搞科研很神奇,更是感到多日的辛苦很值得。后来为了鉴定头盖骨化石的年代,又请来了中国科学院古脊椎动物与古人类研究所的大教授,耳濡目染,让我这个小本科生眼界大开。现在回想起来,大概搞科研的信念在那时就默默扎了根。野外考察中印象最深刻的是我和保兴同学刚刚20岁出头,愣是跑不过年近六旬的冯老师，由此可见老地质人过硬的身体素质和野外考察功底。

冯兴祥老师（站立者）指导学生野外实习

野外考察中还发生了一件小插曲。我和保兴同学私下商议准备努力早点完成考察，然后请假两天向西去爬不远的西岳华山。作为地理系的学生，总想着要登顶五岳，走遍天下。结果和冯老师一说，冯老师鼓励我们好好干活，可以早点结束野外考察，但不赞成我们去华山，主要是安全问题。于是，年轻气盛的我们和冯老师开始了艰难的博弈，几经商讨，最后达成协议，如果第二天天气好就批准我们去爬华山。当夜里的沥沥细雨声响起来的时候，我和保兴同学垂头丧气地承认博弈失败。多年后我终于有机会手脚并用地爬上了西岳华山的西峰和北峰，经过鹞子翻身等危险的山道，终于明白了当年冯老师的担心不无道理。如果当时换作我是教授，在那种情况下也不会允许学生实习出来私下请假去爬险峻的华山的。现在想来，经验丰富的冯老师肯定提前知道了天气，很巧妙地既保证了带学生出来考察实习的安全问题，又保护了爬山心切的我们那种初生牛犊不怕虎的热情和自尊，还避免了我们博弈失败可能导致的消极怠工。冯老师,你真的很厉害。

野外考察结束从三门峡乘火车回河大的夜车上,我和冯老师进行了彻夜长谈(那时候没有高铁,绿皮火车慢腾腾的)。一次长谈给我的未来点燃了希望的火种。当时我英语过了六级,在班上算是英语成绩比较好的。冯老师就热情地给我介绍他在澳大利亚的女婿刘钢军教授,让我和他联系,可以争取出国读书的机会。真心说,当时作为一个从山沟沟出来的农村娃,我对于报考硕士研究生的过程都懵懵懂懂,遑论听起来无限遥远的出国留学之路,就如听天书一般。回程一路上冯老师给我耐心讲解了如何报考国内研究生和国外读书的点点滴滴,让我茅塞顿开,给我点亮了前程的明灯,也给我打开了一扇通向世界的窗。多年之后,我才明白那次长谈实际上奠定了我后来人生命运轨迹转换的基础,恩师的一句话在关键时刻足以改变一个学生的命运。这让现在在教师岗位上的我也总尽力去效仿冯老师的点石成金之举,竭尽全力,希望启迪更多后辈。

缘远:从考研读博到当特聘教授

我和冯老师的缘分并没有随着我毕业离开河大而结束。因为当年不对应届本科毕业生招考研究生,考研无门,我被分配回老家的中等师范学校去教书。中等师范因为没有升学压力,所以教学很轻松惬意。周围老师的麻将楼、谈恋爱的温柔乡,慢慢就把我当初考研的雄心壮志消磨殆尽。忽一日,听说有人到处在我所在的学校找我,经同事指引,我远远看见熟悉的冯兴祥老师的身影。原来冯老师是回老家看望老母亲,然后专程到我任教的学校来鼓励我继续报考研究生。冯老师在我的宿舍认真询问了我的近况,反复告诉我要继续学好英语。他认为,如果长时间不用不复习,英语好的优势就没有了,并鼓励我坚持复习备考,机会属于有准备的人。

因为按照当时的规定,大学毕业生必须有两年的基层工作经验才可以报考研究生,所以冯老师连续两年利用回家看望老人的时机,到学校鼓励我不要放弃。真心说,人都是很容易沉溺于安乐和享受的。还记得冯老师当时没有骑自行车,而是步行了很久才到达我任教的学校。冯老师两次亲临学校的鼓励给我增添了无穷的奋斗动力和能量,催促我在懒惰袭来的时候振作精神,继续报考研究生。我当时报考只填了两个志愿——华南师范大学和河南大学,考试结束,分数过线,但华南师大要求定向,需要有定向单位证明。于是我又跑回母校河大找到冯老师,希望调剂到河大做统招生。那时候没有如今网络的便利条件,需要登门拜访寻找机会。记得天气很热,冯老师和我冒着酷暑去找相关老师,希望能找到调剂指标。冯老师的急切和认真让我非常感动,他老是说不要耽误了我的前程。最后因为华南师范大学的研究生扩招,我得以作为统招生去广州读研究生。

后来读博、做博后、赴美学习工作,我都始终和冯老师保持着联系。尤其是2012年河大百年校庆时我回母校做特聘教授,终于可以常去看望敬爱的冯老师。记得我拿着果篮去看望他时,还被他数落说不用这么浪费,搞得有些过于花里胡哨。我知道这是冯老师把我这个学生当成自家人的说法。每当给冯老师汇报我的每一步进展,冯老师总报以欣慰的笑容,我也很能体会作为一名老师真正的快乐,因为我也变成了像冯老师一样的高校老师。现在回想起来每一次和老师相聚都是那么难忘和珍贵。

缘尽:从疫情肆虐到生死相隔

2019年到澳大利亚墨尔本开会,我顺便拜访了冯老师的大女婿刘钢军教授一家,回忆起母校河大的一草一木,以及冯老师当年期许我到澳洲读研的故事,并与刘老师相约2020年暑假回母校,到时候再去看望冯老师。谁知之后没过多久,一场全球性疫情突起,暑期归国无望。2020年10月份疫情稍缓,我刚从大洋彼岸归来,尚在四川成都集中隔离中,不期深夜刷母校微信群,突然得知冯老师辞世的惊天噩耗,顿觉苍天不仁终成遗憾,深感悲伤无限。当时无缘送老师最后一程,只有托同学张占武代去吊唁。至今思之,痛定思痛,更觉疼甚。敬爱的冯老师,愿你在九天之上与闫老师相聚,一起安息。

我也衷心祝愿母校110年校庆之际,在像冯老师这样至亲至善的师辈的带领下,学校在建设"双一流"的征程中捷报频传,层楼高上。

胡世雄

1968年12月出生,河南内乡人。本科就读于河南大学地理系,华南师范大学地理学硕士,先后在中国科学院地理与资源研究所和美国纽约州立大学布法罗分校获得两个博士学位,中国水利水电科学研究院博士后。

2009年湖南省政府首批省聘专家入选者。2015年获得湖南省科技进步二等奖。2018年山西省政府省聘专家入选者,荣获国际华人地理信息系统个人服务奖。

2006年至今先后被聘为清华大学、四川大学、中国科学院陆地水循环和地表过程重点实验室客座研究员,河南大学、长沙理工大学及山西师范大学特聘教授。2008—2021年,担任美国宾州高校系统弗吉尼亚海洋联合基地管委会委员,协管基地建设和学科发展。2011—2021年,兼任美国宾夕法尼亚州东斯特劳斯堡大学地理系主任、多学科交叉硕士项目负责人,并在国内兼任长沙理工大学水利学院院长、黄河交通大学常务副校长。2014—2020年,担任美国宾州高校系统14个分校联盟GIS协会主席。曾任美国地理学会水资源专业委员会主席、国际华人地理信息系统协会主席。

母校于我之人生给予

刘天义

撰稿之际,已过而立之年,蓦然回首,结缘河大已经 12 年。12 年弹指一挥间,无论升学到北京或到美国,每每回忆起河大生活,往事历历,如在昨日,一股暖流涌上心头。

河大是学习的乐土

河南大学地处开封,虽然缺少一线大都市的繁华,但却拥有厚重历史文化的古色古香。从这一点上说,河南大学有点像美国的很多名校,虽然地处小镇或者大农村,但几乎不影响她优秀的生源、出色的教学质量和浓厚的学习氛围。

河南大学的英语课,感觉可能是河大教学改革实践的先行者。入学的第一年,我有幸进入"实验班",由来自美国的外教代课。当时我的英语视听说外教是 Marija Ferber 老师,她年轻美丽,应该是毕业不久的美

河大求学

国本科生。若干年后,当我来到美国,我也非常幸运地再次联系上了 Marija Ferber 老师。外教代课让我有一种受宠若惊的感觉,因

与外教（左）合影

为我的很多考入其他名校的同学，绝大多数都没有外教老师教口语。河南大学的数学建模课也非常出色。数学院的老师们有教无类，热情慷慨地组织各个院系的学生一起学习数学建模课，进行暑期培训，给学生们提供参赛机会。也是参加数学建模培训的经历，让我开启了大学的蹭课模式。不管是哪个学院的课程，只要觉得有意思，就全部去听、去学。这个蹭课的习惯，在参加数学建模的学生中非常普遍，大家都不用专业的框框去限制自己。很多人都坚信，自己学习什么，就会成为什么专业的人。河南大学的电子电工创新实验室也非常有特色。吴永辉老师把爱好电子电工的同学们聚到创新实验室，带大家自由探索，学习单片机、制作电路板、参加电子电路方面的全国竞赛，让实验室的同学们理论联系实际，亲自动手实践。在实验室的时光每天都非常充实。

我的高中不算成功，但我的大学生活是比较成功的。虽然参加社交活动比较少，但是因为继续保持了勤奋刻苦的学习习惯，所以大学的成绩比较优秀。对于专业课，期末考试前几周，就提前开始温习知识，总结核心考点，睡觉之前把书本上的重要知识在脑海中过一遍，每次考试前务必让自己产生功力大成的感觉，然后去参加考试。其中大三的一个学期，印象最为深刻，五门课程得分很高，其中三门课程99分，一门课程96分，一门课程100分。由于成绩优异，专业素质不错，2014年从河南大学计算机与信息工程学院毕业后被保送到中国科学院计算技术研究所。这些成绩的取得,很大程度上归功于在河大期间养成的广泛学习的习惯和较为开阔的学科视野。

河大有学术的启蒙

本科生往往是处于学习知识的阶段,知识储备有限,对科研和学术的认知层次相对硕士生和博士生来说也不全面、不充分。如果在本科学习的高年级阶段能够得到科研和学术方向的适当引导,学生可能会更好地适应研究生阶段的科研生活。而我,也是非常幸运地受到了学术和科研的启蒙训练。

学习高等数学期间,我的授课老师是鲁大勇老师。鲁老师在讲授课堂知识的同时,鼓励学生们按照各自的兴趣,选择一个合适的方向,深入挖掘下去,然后做出一篇课程报告或者课程论文出来。作为本科生,我和大多数同学的方法一样,先阅读《等价无穷小代换法》等十几篇文章,然后进行总结,再推导出几个新的引理。最后,全班大概有50多篇课程报告,汇集成了一本叫《高等数学杂志》的小册子。对于学术启蒙,不得不再次提到大学生数学建模竞赛,经过数学

学生自编刊物

院老师们的引导和培训,我熟悉了各种工具软件,例如,Excel处理数据、分析画图;Matlab写脚本程序、进行数据处理、画图;用SPSS进行统计数据分析;用Lingo进行规划问题的求解。然后,培训和

竞赛期间，也完成了十几个与实际生活相关的题目，每个题目都需要分析问题、建立数学模型、求解模型和撰写论文。虽然当时的自己距离真正的学术研究还有差距，但真实地感受到了如何通过数学思维和数学方法解决实际问题。在专业课方向的科研启蒙，主要来自张苗辉老师的人脸识别项目。张老师是上海交通大学计算机视觉方向毕业的博士，年轻有为，博士毕业后回到河南大学正好给我们上课。在张老师主导的人脸识别项目中，我的工作主要是用 MFC 搭建人脸识别的 demo 环境，尝试不同的人脸识别算法。虽然没有具体的论文成果，但我明白了计算机视觉领域的科研大概就是设计新算法、对比老算法、证明新算法的优势。张老师带我走进了计算机视觉研究的大门，让我看了一眼计算机视觉领域的研究内容和大概方法。虽然研究生阶段没有做计算机视觉的相关研究，但是对这个领域没有害怕的感觉。十几年后，当我已经通过博士答辩，回过头来看当初懵懂的自己，那时的自己确实已经是一个爱学习、求上进、有学术追求的小伙子了。非常感谢母校的学术启蒙教育。回头看河大这 10 年，理工科专业发展突飞猛进，高水平研究不断涌现。即便身处海外，也常常能够看到关于母校重大科技成果的消息。

河大是爱情的起点

大学的时光是美好的，因为大学往往也是美好爱情产生的地方。在河南大学，我也遇到了爱情，10 年长跑，成为夫妻。

我和我的爱人都是河南大学的学生。她是化学化工专业，我是自动化专业。2019 年初在北京市海淀区民政局领取了属于我们的结婚证。我刚入大学之时，并没有产生谈恋爱的想法。后来在学科的竞赛活动中，认识了我的爱人。在一起做事的过程中，慢慢地有了更多了解，再加上相互欣赏，并最终决定一起走今生的路。

做这个决定是在河南大学100周年校庆活动之际,而现在恰好是母校110岁校庆之年。10年相处,有争吵、有美好,有一起发愁未来、有一起努力奋斗。我们从开封走到北京,又从北京走到美国。我和爱人都是博士,数论文也是从读博士时开始的(网传:博士相亲相互数论文的梗)。

领取结婚证

如果正在读大学的学弟学妹们碰巧看到这篇短文,我可能会说:大学的恋爱不是一场必修课,更像是顺其自然的选修课。谈恋爱在高中是被禁止的;在大学时代,谈恋爱被放开或者适当鼓励了。但是,大学时期的学习、竞赛、升学、找工作,应该是更重要的事情。如果你想找对象,可以找;如果不想找对象,也可以不找。我在德州大学圣安东尼奥分校读博士、当助教、做助研的这5年,看到美国大学校园里确实也是有情侣的,但是感觉不是非常多。同学们学习都很努力,校园的每个角落,总是能够看到他们学习的身影。但这也有可能是我的错觉,因为我自己已经过了谈恋爱的年龄,更多地专注于工程和科研,对少男少女们的美好爱情故事不是非常敏感。

总之,大学的时光是美好的,大学的时光也是短暂的。能在大学期间谈场安安静静的恋爱、踏踏实实的恋爱、纯纯净净的恋爱,确实也是一件很美好的事情。但,不需强求,顺其自然即可。

河大是精神的归宿

遥想入学之初,满怀梦想,背负期望,聚首河南大学。4年后,又装备着丰富的知识和技能,奔赴全国各地或世界各地开创崭新的明天。

4年时间,从懵懂到成熟,从专业小白到拥有一技之长。经历了这弹指一挥的4年时光后,到了真正毕业、要离开校园的时候,真的是百感交集!千言万语化作两个字,那就是:感恩!感恩母校的教育培养,感恩老师们的传道授业,感恩同学们的陪伴帮助。对于我们所有人,河南大学,已经默化在我们心中,成为永远无法抹去的记忆;河南大学,已经融入我们的生命,影响我们一世一生。她的谆谆教诲,让我们拥有了今天的成绩;她的殷殷鼓励,助我们在风浪中勇敢前行。成为一名河大人,对于我们,是一种荣幸,也是一种使命!我们会因为自己是河南龙头高校毕业的"河宝儿"和"铁塔牌"而骄傲,也会因为需要承前启后、传承着河大先贤的精神与壮志而上下求索。10年前,我们与母校一起,度过了百年华诞的美丽盛典;10年来,我们与母校一起,见证了河南大学迈向"双一流"建设的坚实步伐;10年后的今天,我们再次聚首,庆祝母校110岁生日。她以温暖的怀抱,亲切接纳成千上万的游子,而不论她的这些孩子是否飞黄腾达、是否地位显贵。她就像一位慈祥的老母亲,时刻牵挂着奔赴世界各地开创生活的孩子们,如今都可好。

似乎所有的学生,都会有类似的感觉,那就是:永远和第一份学历的母校有更特殊的情感。今年,我也博士毕业啦。在顺利通过博士答辩、穿上博士服的那一刻,我又不自觉地回顾自己12年的高等教育经历,想起了在河南大学本科毕业的情景。身在异国他乡,在我心底,涌动着一份浓烈的情感,那就是对母校深深的思念——那里风会轻吟,树会歌唱;那里湖光潋滟,塔影斑驳;那里庭院深深,厚重执着;那里满园书香,如琢如磨。

时间越长,越让人明白,河大不只是几栋楼、几个校区。那是一个有温度的地方,一个让游子们每每想起,就感到温暖的地方。

博士毕业

刘天义

2010年考入河南大学计算机与信息工程学院自动化专业。2014年本科毕业,并于同年保送入中国科学院计算技术研究所微处理器研究中心。2017年硕士毕业后,进入德州大学圣安东尼奥分校计算机系攻读博士学位,2022年博士毕业。主要研究方向为计算机系统结构、处理器微架构、云计算、云端3D/AR/VR系统。

万里回眸道感恩

马 平

读书 4 年，教书 8 年，我与河南大学有着 12 年的不解之缘。在来美 28 年后的今天，我在万里之遥向母校致敬，感恩母校为我所做的一切。

一

想起 1994 年 5 月，在我赴美前夕，靳德行校长把我叫到他的办公室，与我做了一次很亲切的长谈。靳校长是从历史系走出来的校领导，他温文尔雅，待人和气，丝毫没有高高在上的官气。那天，他笑着跟我聊了很久。记得他对我说，当年高考，是他代表历史系把我录取来的，这些年来，看到我在学校当学生、当老师都做得不错，他甚感欣慰，当初没有看错人；他说我是第一个历史系毕业、教育系任教，又是这两个系第一个出国的女生，他为我高兴；他叮嘱我，出去要注意安全，多走走，多看看，尽可能多学些东西带回来……遗憾的是，靳德行校长却在一年后赴德国访问的返航途中哮喘病发作，飞机迫降，他永远留在了西伯利亚。我在美国听到这个噩耗，心里沉了好久。近 30 年来，每每想起，沉痛不已。虽然我在美国很努力，却不能当面向他汇报我在美国的奋斗经历了。

感恩靳德行校长，是您给了我这个当年小学水平的无知青年接受高等教育的机会；感恩河大，是您成为我改变人生命运的起点。

二

当初报考历史系,是因为历史系师资力量雄厚,几位历史学大师如范文澜、嵇文甫、孙作云、朱绍侯都出自这里,正所谓慕名而来。读书4年,遇到太多优秀的老师,深深感谢他们的教诲。其中印象最深的,是教我们中国古代文化史的姚瀛艇老师。姚老师不仅家学渊源深厚,个人学问精深,教课也最有意思,听他的课,听他介绍古代那些个文人,犹如个个就站在我们面前,教室里往往笑声不断。最让我感动的,是姚老师给我的人生教诲。毕业前夕与他告别,他谆谆指导了我做人的基本原则,并在我的毕业纪念册上工工整整写下了"穷则独善其身,达则兼济天下"的名句。离开姚老师这么多年,我可以无愧地告诉姚老师,我一直都是在按照他期望我的去做的。我也把这句话写给我的学生、我的朋友,希望他们都遵照这句话好好做人。

感恩姚瀛艇老师,您的教诲让我终身受益。

三

读历史系4年,我算不得一个好学生。那时候百废待兴,荒芜10年的学校也迎来了春天。作为春天里的一棵小苗,对什么知识都充满了极大的好奇心,因此,我的学习注意力就大大分散了。幸好我们1977级一班有两位好同学——李振宏和刘一林,他俩分别在中国史和世界史方面学有所长,远远走在了我们前面,我在专业学习上得到过他们很多指点。每到考试前夕,我们就分成两个学习小组(其实是应试小组),他们两人分别成了中国史和世界史的考前辅导老师。

感恩振宏、一林两位老同学,从那时起,你们就让我领略了学习方法的重要性,感受到团队力量的强大,你们的具体指导还让我的考试几乎门门高分,使我得以顺利毕业走向社会。你们的帮助、你们的友谊,让我终生难忘。而你们的成功,也让我为你们骄傲!

四

大学毕业4年后,我决意调回河南大学教育系教书。其实,我本人并没有什么专业方面的优势,而更大的阻碍就是我这个"大龄未婚女青年",那时候到哪个单位可能都是不让人喜欢的"老大难"。但是,教育系的几位领导和老师,包括苗春德老师、王汉澜老师、张耀先老师、戴国明老师、李凤梧老师、程合印老师等,居然都对我网开一面,予以肯定。特别是我历史系的老同学程凯、郭常英和关学增夫妇,共同为我的调动不遗余力地相助,最终大家齐心把我这个所谓的"人才"调进了教育系!到教育系后,我被安置在教育学教研室,又是这些老师在教学和学术方面对我大力提携帮助,提供很多机会让我参加学术会议、指导我撰写论文,让我尽快适应了科研和教学工作,更为我在一些生活琐事上提供多方帮助。在教育系的8年里,我曾经给系里添了多少麻烦啊,但我从来都被这些老师呵护着,始终生活在教育系给予我的温暖中。

在这里,我还要特别感谢当时的教育系副主任扈涛。从他那里,我学会了电脑的一些基础知识,更成了五笔输入法打字的快手。我年轻的同事刘志军,在我来美前为我准备了很多电脑方面的指导资料。由于他们的帮助,我来美国后特别顺利地拿到了我的第一份编辑工作。

在教育系执教8年后,我来到了美国。我始终怀着感恩之情,感谢教育系的这些老师和同事,感谢教育系所有的朋友给予我的帮助和体谅。

五

来美近30年,从最初的彷徨、寻觅,最终找到了一条最适合自己的道路。我于2001年10月创办了自己的杂志——《华人》(We Chinese in America)——每月一期的封面人物,记载了杰出华人在美国的奋斗故事。我把从师长们那里得到的教诲和在河大学到的知识,用到了创办报刊的过程中。虽说一路上遇到过这样那样的挫折,但我始终记得他们给予我的那些鼓励,始终秉承着"鼓吹进取精神,宣扬传统美德,联络乡情亲情"的创刊宗旨,坚定地走到今天,我们杂志的第250期又如期推出。目前,《华人》已经被圣地亚哥加州大学图书馆收藏上架,并通过电子版让更多的读者浏览。

2001年创办杂志留影

作为从教育系走出来的教书人,我似乎无意识地依旧在教书育人的道路上前行。在经营杂志的同时,我又申请到联邦政府的许可,创办了非营利组织——华人之友(Friends of We Chinese in America)。通过这个组织,获得政府、公司、基金会和个人的多方赞助,创刊了专门为华人青少

2001年10月《华人》创刊号

年服务的《华人新一代》(Youth of We Chinese in America)杂志，为孩子们提供分享的平台，用他们的手，写他们自己的故事，同时培训了众多小记者、小编辑。这个杂志深受中文学校和中文老师的欢迎。我还和指挥家朋友扬声老师一起创办了美国第一个也是唯一的以华人青少年乐手为主体的美国华人青少年交响乐团（AmeriCal Youth Symphony）(AmeriCal 为乐团自创单词，Cal 为 California 的通俗缩写——编者注），和专业模特节冰老师一起组织了美国华人青少年模特队。我和我的团队疫情前每年举办一次大型的美国华人青少年艺术节，把本地所有中文学校、设置中文教育的美国学校汇聚在一起，通过大舞台表演、朗诵比赛、画展等活动，展示孩子们的才艺和学习中文的成果。青少年艺术节已经成为圣地亚哥文化生活的一个亮点，受到华洋社区的极力赞赏和大力支持。我们的媒体和"华人之友"活跃在华洋社区，曾多次获得圣地亚哥市政府、郡政府及国会议员颁发的"We Chinese Day"殊荣。

第三届美国华人青少年艺术节谢幕式

所有这些在美国的奋斗，都是和母校对我的教育分不开的。28年，悠远瞬间，万里回眸，天涯咫尺，需要感恩的人和事太多，一篇短文,挂一漏万。河南大学、河南大学历史系、河南大学教育系,是我此生永远的感动。

马 平

祖籍山东。毕业于河南大学历史系,任教于河南大学教育系。1994年5月来美,先在某华人报社任编辑6年。2001年10月创办美国《华人》杂志至今,《华人》是美国境内唯一一份以华人人物为主要内容的综合性中文月刊。拥有一个坚强的团队和多种新媒体平台,以及《华人新一代》青少年版杂志。喜欢的口号是:"在美国办中文杂志,其乐无穷!"

访学散记

古 崖

向着彼岸出发

波音777飞机腾空而起,爬向一万米的高空,向着那个叫美国的彼岸飞去。

向窗外望去,白云之下,阡陌纵横,蜿蜒着的一条水系,不知是否黄河?这块浸满着血泪、汗水、耻辱、荣耀、文明的土地,渐渐远去。

之前有许多次机会,因为自己内心对面签、面询的抵御,都放弃了。而这次是培训,并且是到宾夕法尼亚大学与哥伦比亚大学,机会难得,也不容选择,只有"投降"。经过使馆前一个上午的冒雨排队、安检、询问、录指纹的折腾,终于通过。望着使馆外雨伞下浩浩荡荡挤挨行进的队伍,我不由思考:是什么力量,支撑、形成着这股涌动的人流?梦想?创造?自由?美元?科技?人性?自然?野性?……也许,只有如沙子般置身巨流,才会有亲身的体会吧。

昨晚临行补课,几点感慨与疑问:

1407年,当哥伦布首次踏上彼岸那片土地时,当地的土著还没有文字。而我们东方这片故土,商代已有成熟确切的文字体系,夏代陶寺遗址也有文字发现。15世纪,唐诗宋词元曲都已"玩得烂熟、腻味",大部头的《水浒传》《三国演义》《西游记》《三言二拍》《金瓶梅》"操弄"得如鱼得水、炉火纯青。但另一面,当1776年彼岸的精英在讨论《独立宣言》,发誓未来的政权要捍卫每个人的自由权利时,乾隆爷的文字狱已大功告成,"清风不识字,何故乱翻书",悲凉之雾,遍披华土。一步慢,步步慢,弯道超车彼胜我,200年来太久,到底从何时走岔了道,又应该从哪里洗心革面找补回来,实现东方大国的复兴梦?

开车时又突然想起:在我们看来,殖民和被殖民总是要结下梁子、有点儿心结的。美国这片土地应该是被英国殖民了吧?但英美两位怎么总是好得跟兄弟俩一样,打架从来一块儿上?

特朗普是从这次的培训地——宾大沃顿商学院毕业的,他的行事规则和思维逻辑有多少商学院的痕迹?商学院的二十二条军规是什么?

慢慢想吧,希望能找到答案。

翻出临行塞到包里的原版《了不起的盖茨比》,翻了两页,英文还是磕磕巴巴的。还是回头看中文吧,人过半百,被英语折磨了几十年,不再陪着玩了。

悄悄带了画画的家伙什儿,倒时差睡不着时可以消磨时间,在另一种文化的土壤上伸伸中国文化蔓儿,也算一种独特的体验吧。

困了,睡会儿吧。

赶回 12 个小时

777的公务舱比较舒适,长睡一觉醒来,窗外天际的一带彤云已泛出一线鱼肚白,然后曙红、酡红、绛红,终于红轮一跃,霞光万道,令人目眩。

慢慢回神,早上6点从家出发,往西飞了12个小时为什么又是早上?从时区看,这是不是追着晨昏线往回找补了12个小时,应该是美国的几月几日呢?一时分不清了。

从纽瓦克机场坐大巴往费城,秋雨连绵,有些凉意了。

今天的安排比较轻松,游宾大。一位上海的姑娘——宾大研究生导游。雨不小,打着伞,水依然往鞋内灌,但仍然没有减轻大家的兴致。宾大1770年成立,历史比美利坚合众国还长,富兰克林的塑像或高矗在校园中心花园,或静坐在小径一角,与学校有着不解之缘。校园里到处是各个时期的古建,走进砖红色的图书馆,学生们在一个个台灯下安静读书、查阅资料。一楼,还有个美术展可以参观,尽是在旧报纸上之墨写形象,或人或兽,或鸟或树,有点东方墨线与西方抽象相融的味道。

学校最古老的房子,就是富兰克林雕像后面的小楼,据说是校长自己在用。这真是与众不同,毕竟高管们似乎更喜欢用新楼。

看到一座城堡式的建筑,是宾大博物馆,当择日一游。

可能是假期,加上周末,学生很少。但我想,平时学校是否也有师生比的控制,才能确保不大的校园保持正常秩序。否则,乌泱乌泱的,光路边那楼梯间一样的地铁入口通道就受不了。

宾大的知名校友有特朗普、巴菲特、郎咸平……但他们更愿意说自己是沃顿的,有点像光华之于北大。据说特朗普当总统后,并没有被邀请来沃顿演讲,不太受欢迎。克林顿夫人却以女性身份来讲过。由此也见美国大学的独立精神。据导游所说,美国的大学大多是偏左翼的。

晚上吃饭,中餐,川菜。服务生看似华人,竟不悉汉语,是否华二代、三代啊!相逢无语,着实令人唏嘘。

晚上倒时差,果然失眠了,作画三幅——祝贺教师节的《箭兰》《双鸡图》《鹤》。题字"师恩难忘"——致我的吕老师、侯老师、任老师、韩老师、鲁老师、黄老师,和为培养毛毛付出的各位老师,万里海涛,遥寄祝福!

培训凶猛

开班了。

奏中美国歌,有点儿参加国事仪式的感觉。首次认真听美国国歌,竟也有点国际歌的汹涌气势。沃顿一副院长出面,客气一番。几位老师见面,开讲。

上午是 MO 先生(一位金融公司的首席经济学家)的课,讲中美宏观经济对比、中美贸易战前景。最大的感受是老师有分析框架,且用数据支持观点。

下午,校外拓展,一退役海军军官主持,核心主题是:一团队如何在短时间内迸发高能量。通过 4 个项目,我领会到几个道理:团结须有讨论共识、凝聚共识的目标、标识、荣誉;合作、分工;沟通、不间断的有效沟通。由于风雨,室外划艇取消了,但我们仍然玩得挺投入。

周二上午,曾在通用任职的 Joe Ryan 教授讲企业策略性管理,高管要能够"双手作画"、拥有 3 个视野——如何在做好企业当期运营的同时关照明年、三五年的战略问题——时间与精力分配是 5∶3∶2。但细想起来,这要依企业所处发展阶段、部门职能而定吧。

下午,干练的 Rahul Kapoor 教授以柯达为案例,讲高管对企业危机、变革的管理,他以是否触及既有商业模式、现有资产把企业变革分为 4 个模式——彻底、积极、中性、渐进。这个教授研究较深,唯同学们还需倒时差,不停靠咖啡提神。

一路听下来,让人感触最深的是教授、专家们严谨的分析与独立的精神,不同于从概念到概念、空对空的常见打法,他们的学理大都建立在严格的数学分析基础之上,让人感受到了数学是科学之科学的精神,感受到了学术的规范与分析的逻辑。同时,大部分课程都有强烈的问题意识、市场导向、变革观念,如 Kevin Kaiser 教授在讲企业价值创造时,用掰手腕的例子来讲述"理解框架"问题,他关于"一百位农民与一台拖拉机"的破坏性创造案例,令人脑洞大开、震撼深思,他关于"最低收益率体现企业价值创造"的论断,则确立了进一步探索创造方向的路径与分析工具。张忠教授关于"定价"的课,从特朗普卖楼等来讲述客户细分、定位、定价,一个例子胜于一堆理论,对市场的开拓思维具有启发意义。特别是,教授们做研究喜欢在数理分析的基础上总结模型,各有看家工具与本领。虽然模型也有局限,不能以不变应万变,但毕竟提供了一个思考与分析的框架。

傍晚游览独立厅、大铜钟、唐人街、市政厅广场(Pen 雕像)、费城第一街,城市不大,破破烂烂,但每一座楼须按投资比例建艺术雕塑,自有一种文化的底蕴在,有点像西安或开封。唯观光车上走马观花,不过瘾,饭后,同学建议步行夜游返校,20 分钟,甚好。导游孙君,西安人,乐观、好客、精进,助教、出书、开公司,也做高管培训。最自豪的是娶了白人老婆——传授秘诀在于克服心理文化障碍——这很大程度上得益于他的心理学学科背景。

两天晚上倒时差连续作画:《隐世》《翠鸟》《9·11 纪念》《柳荫》。画须向模糊里的清晰作,所谓大象无形也。

12.5 万美元是多少钱?

宾大的博物馆是很厉害的,到宾大,自然要看看它的博物馆。

一个凉爽宜人的下午,安排参观博物馆。博物馆主体是一座古典、巍峨的城堡式建筑,院子里有绿波荡漾的水池。接待我们的是一位中年女士,敬业、投入且耐心。

藏品确实丰富,来自世界各地,按地域分为多个分馆,但仅仅中国馆就够我们看半天的了,其他只能走马观花。而中国馆,最珍贵的是昭陵六骏中的"飒露紫""拳毛䯄"。接待我们的中年女士不只是讲解,而且有深入的研究,她介绍道:昭陵六骏是指陕西礼泉县唐太宗李世民陵墓昭陵北面祭坛东西两侧的 6 块骏马青石浮雕石刻。每块石刻宽约 2 米,高约 1.7 米。六骏是李世民在唐朝建立前先后骑过的战马,分别名为"拳毛䯄""什伐赤""白蹄乌""特勒骠""青骓""飒露紫"。1914 年,昭陵六骏中的"飒露紫""拳毛䯄"被法国人戈兰兹准备剥离偷运时,被当地农民发现并拦住。但这两骏还是落到了军阀手中,运到北京古董商卢芹斋手中,以 12.5 万美元盗卖到国外。

昭陵六骏中,以"飒露紫"艺术价值最高。"飒露紫",色紫燕,前胸中一箭,是李世民东征洛阳、铲平王世充势力时的坐骑,列于陵园祭坛西侧首位。中箭后的"飒露紫"垂首偎人,眼神低沉,臀部稍微后坐,四肢略显无力,剧烈的疼痛使其全身战栗。"飒露紫"为立姿,前面的武士是李世民部下大将丘行恭正在拔箭。这种救护之情,真乃人马难分,情感深挚。

隔着玻璃,我细细端详着二骏,感受着它们千年的沧桑、大唐的雄强,又慨叹它们百年前遭受的劫难。听介绍,有英国博物馆曾找到宾大博物馆,希望能交换二骏中的"拳毛䯄",宾大不同意。其实,二骏还是最应该回到它们的故乡,等吧,希望总会有这么一天。

和中年女士聊起来,知道她来自上海,原来就从事这方面的工作,也喜欢做些研究。得知我们都是金融从业者,她诚恳地求教:1914 年用来购买二骏的 12.5 万美元相当于多少银两?放在今天值多少钱?她正在写一篇文章,这个问题困惑了她很长时间。

我笑着说:"你算是问对人了,我博士论文写的就是票号,全是和银两打交道。票号的始祖日升昌 1914 年也还在营业。回去我查了资料答复你。"

回到北京,查了资料,发现她的第一个问题比较简单,可以查询当时美元与银圆的汇换比例,再折合成银两就行了,1 美元大致相当于 25 克银子。而第二个问题就比较复杂了,可以按美元购买力、美元兑换人民币、美元折合银两再兑换为人民币等多种算法估价,而彼此差距还不小,为此,我还专门请教了国内钱币博物馆的专家,总算大致回复邮件交了差,希望她能够满意。

"我会把你的画挂在办公室"

宾大的学习结束了,结业仪式很隆重,一位副院长要亲临现场、逐位颁发结业证书。我们带了一些小小的伴手礼作为回馈,总觉得分量不够。同学请示:可否让"画家"把这几日倒时差的作品赠送人家几幅?团长一挥手:上!

我不敢怠慢,精心挑选。一幅《雄鹰》赠给了英俊干练的王炜教授,祝福他前程似锦。一幅水汽氤氲的《云水间》赠给了睿智博识的张忠教授,希望能唤起他楚天云梦的故里情。最后一幅叫《费城夜游》,两只八哥缩着脖子行走于水墨淋漓的芭蕉叶下,画了我与Z君雨中夜游费城的情景,赠给了副院长。这仪程外的花絮为三位老师带来了意外的惊喜,院长的蓝眼珠子瞪圆了,饶有兴趣地问:"你们金融工作这么忙,怎么还会有时间画画呢?"我说:"院长先生,这是业余的爱好,抽烟的人不会没有时间抽烟。"院长盯着我频频点头,可以看出他对艺术的兴趣与尊重。"你们的文化真厉害。"他说。"谢谢院长,我是我们中间文化最不厉害的一位。"我笑着说。

"我要把你的作品装进框子、挂在我的办公室中间,下次来沃顿,请你们到我的办公室"。院长认真地说。

哥大觅踪

学习从宾大移至哥大。

哥大和宾大是大不相同的。宾大自然、舒适、宽广。哥大就显得更加人文、学术、有贵族范儿,学校建满了一座座殿堂般的建筑,一个学院一个学院排列着,逼仄、集约。学校最阔大的地方就是标志性的女神广场了,以这里为中心,朝气蓬勃的孩子们来来往往、川流不息,他们背着书包,步履匆匆又踌躇满志。想找一个中国的孩子聊聊,了解一些情况,却并不好找。据说哥大录取极严,中国孩子申请这里的本科不容易,研究生相对好点儿。专门到学生食堂体验了一下,人多,要排队,西餐品种很丰富,冷饮随便喝,只是吃不惯,多想痛痛快快吃一碗烩面、喝一碗糊涂啊。想来孩子们万里迢迢来这里求学也不容易,想家,餐饮不适,在家里都当宝一样宠着,在异国感冒了躺在床上恐怕连杯热水也没人递吧。

胡适是哥大知名校友,据说先是在康奈尔大学学农学,做实验总切不好土豆片,就转到哥大学哲学了,竟成一代大家。有人说胡适是唯一一位把画像挂到哥大校园里的华人知名校友,我在哲学系找了,并没有找到,又到女神广场后恢宏的殿堂里找,在挂了一圈的画像中找,也没有找到。却见我们南阳的汉画像石,像宝贝一样供奉在大殿里。

陶行知也毕业于哥大,这位"捧着一颗心来,不带半根草去"的平民教家育,哥大赋予他的专业、专注品质,令人景仰。听说,前两年新峰兄参与操办,把他的雕像立到了哥大校园,善莫大焉。

查资料得知,母校河大与哥大缘分也不浅,自1912年创立到1949年新中国成立的37年间,河大曾有凌冰、查良钊、邓萃英、张仲鲁、刘季洪等5位校长在哥大留过学,还有以冯友兰、冯景兰兄弟为代表的一大批留学哥大的学者曾在河南大学任教,创造了"中国大学的'哥大'现象"。身边也不乏熟悉的校友与哥大有着或深或浅的缘分:在联合国总部担任重要职位的翟莹女士,就是深造、毕业于哥大教育专业的硕士。文史、艺术大家范毓周先生,曾以客座教授的身份在哥大进行美术考古与艺术史研究……是偶然,还是有什么内在的关联?对河大学统乃至道统有什么内在的影响呢?只有留待以后行家考证了。

行走中的随想

学习之余,是行走;行走之中,是随想。

参观世贸遗址,面对如巨大伤口般两口深深的巨潭,与铭刻在潭沿大理石上的几千位遇难者的名字,逝者的灵魂仿佛正顺着四沿的漫天水幕深深地坠入另一个世界,悲从中来,不禁思考:文化的生命力在于碰撞与吸收、融合、创造,但"9·11"却是典型的文化冲突,是拒绝交流、融合并以极端的恐怖方式完成对撞,为什么会是这样的结果? 在文化碰撞中,应确立什么样的底线呢? 数千生命的代价让人类有什么收获与教训?"9·11"带给美国什么思考了吗?

穿越华尔街,才知道它最早是一道墙。据导游讲,开始是荷兰人买了地居住下来,印第安人认为吃亏了,常来侵扰,于是荷兰人修了墙作为防护屏障。回头看看,荷兰人还是有底线的,他们面对印第安人采用的交易方式与防守姿态,难道是武力不够强大吗?后来"五月花"号的英国人上岸,不就把土著平趟了吗? 海洋、冒险、宗教坚守、流浪罪犯,美国有自己的文化基因,就像中国有农业文明产生的《易经》、天人合一、自然和谐的文化。文化各有长短,互相交流、吸收、融合、生长是进步、不二之道。没有百家争鸣,就没有中华文化高屋建瓴的激越开篇。没有东汉初年的佛教西来,就没有唐宋的文明巅峰,也不会有李白、王维、怀素、苏东坡、吴承恩、曹雪芹这些亲切、令人骄傲并且塑造、构成了中国人灵魂、人格的名字。而从利马窦1582年到中国传教授学开始,现代西方文明与东方传统文明的碰撞、冲击、裂变、交融、创新,造就了一个当代的中国及其文明。从东汉到宋元,佛教的东传与基本完成融合大概经历了1000多年,而从利马窦传教授学,到现在已是500多年了,两种文明的碰撞与交融仍然处于进行时,一种传承本土基因、汲取世界文明、焕发蓬勃生命的中华文化终是瞻望可期的。汲取、拒斥、移植、嫁接、复古、创生应该是文化交流过程中常见的反应，唯回望历史、胸怀格局，在大潮中保持更多的开放、清明与理性，才可以减少震荡、少走弯路。

漫步费城或纽约街头，当以陌生人的身份问路时，几乎不会被冷漠地拒绝，他们反而会因无法提供具体路线而不安、道歉。公共场所设立卫生间时，宁肯将男女卫生间设置成通用型，也会给残障人士留有专门的卫生间，让人感受到人性的关爱。安检、等交通灯、排队，已形成一种文明的习惯与标志。这无时不让人感受到法治与规矩的存在。法律的神圣与不可侵犯，已成为全社会的最大公约数。

乘船游弋于哈德逊河宽阔的水面，自由女神像迎风眺望着远方，曼哈顿岛簇拥着展开的楼群像是上海外滩与香港维多利亚港的扩大版。一个"9·11"带来的伤痛至今难愈，看着曼岛无边无际的楼群，愈觉大国冲突是当代文明不可承受之痛——败者不可承受，胜者也不可承受。文明共鉴、商量办事、和平相处还应该是人类的大趋势。

这钢筋水泥铸就的楼群，似乎是一个时代文明的标志，但它是人类最理想的生活方式吗？也许从经济学资源配置及产出角度看是集约、合理、妥当的，但在满足人性的欲望的同时是否也违背了人类对自然、生态与和谐的追求呢？只能说它代表了人类文明发展一个时期的极端与畸形吧。

古 崖

河南大学中文系1985级学子。现为中国金融美协副主席。

"青春"这本书

张力凡

数一数日子,距离那个第一次站在河大校门外的我,竟已经有13个年头了。有关在河大读书的记忆,也已经显得有些不真实了,好像是梦里发生的故事。准备写下这些文字的时候,先拿起手机联系了些旧时的朋友,打了个招呼,问候了句"最近好吗?",然后回忆就涌了上来……我的"青春"这本书也缓缓打开了……

说起来也是特殊,自己算是一个没有拿到毕业证的校友吧,在河大读了两年书后,就转学到了美国。应该也是唯一一个活跃(混迹)在河大美国校友会里,却没正式从河大毕业的校友了。好在,河大人都特别友好和热情,在异国他乡,我也被紧紧地拥在这个群体中,感受着因为母校而联结在一起的温暖。

当时我是河大新闻传播学院新闻学专业的一名学生,入学后,积极参加了校广播站和学生会这两个学生组织。好像第一年,记忆中除了每次备考前埋头苦读在逸夫图书馆的时光外,就是自己作为校广播站的外联人员在为广播站拉广告和赞助,跑得不亦乐乎。记得校广播站里播放的第一条有关牙科诊所的广告,就是我洽谈而来的。作为新闻学专业的学生,那时候也会做一些小型的报道,跟在学长后面,切身体验新闻工作者的生活。17岁的自己,不单因为这个年纪美好,也因坐落在古城开封的河大而更具一种无可替代的独好。17岁的自己成就了"青春"这本书里最让人流连忘返的篇章。

刚转学到美国的那段时间,我时常想起河大西门的小吃,馍夹菜、红豆糕、杂粮煎饼等等,连那里卖的现切西瓜都在回忆里,那么甜,那么清爽。而这些在我后来10多年的异国求学和工作中,都成了遥不可及的、无法比拟的美味。

到了美国后,因为某些机缘我转专业学了金融,也因为足够幸运,最后过五关斩六将地作为一个留学生拿到了在全球四大事务所之一工作的机会。而后,就成了一个金融领域的"空中飞人",在美国各地出差,服务于大的投行和金融集团。那个时候给学弟学妹们分享经验时,我都会提到,在国内读过大学的经历本身带给我在美国求学和之后求职时的优势。河大赋予我的不仅仅是那

学会励志改变世界

两年的就读时光,那个校园里发生的人和事,蹭听过的名人讲堂,和参与过的活动,甚至是那一座座富有历史韵味的民国建筑群等带给我的独特的人生阅历,让我有幸感受中美教育和中美校园文化的不同,让我对教育的认知更深刻。也因此,我这个原本走在金融路上的人,在职场磨炼了几年后,最终投入到自己更有深刻认知、更热爱的教育行业,成就了接下来"青春"里的精彩篇章。

在纽约的那几年,是"青春"这本书里最好的篇章。我喜欢纽约,喜欢加班到凌晨后,穿过时代广场,置身于那依旧灯火通明、来自世界各地的人依依不舍地在众多广告牌下拍照留念的广场。好像在那里,没有所谓要入眠的时间,也不用跟时间告别。疲惫的身

心，瞬间又像是被重新点燃，回家后可以继续为了自己的梦想熬上几个小时。我喜欢纽约，因此在那儿搬了好几次家，中城、中央公园、时代广场、长岛城……住在不同的地方，就有着不一样的感觉。搬离这个城市之前，因为我家的楼顶正好对着 New Yorker 这个霓虹灯标志，所以不舍地在那里拍照留念，证明我也算是个纽约客，曾经生活在那里。我喜欢纽约，它的多元化和包容性给我打开了更宽广的视野，也给了我机会让我可以跨领域、跨文化、跨阶层地实践教育理想。那个时候的我，每逢周末，有时间都会到皇后区那里的难民区域，去教难民小孩子读书，去帮助难民的青年人寻求工作。在那里，我一次次地感知到传递知识、传播爱是多么有力量。后来每逢公司年假，我也会到柬埔寨、泰国等国家去支教，去感受教育如何真正地、一点一点地改变世界，在实践中反思和成长。也因此，我的职业之路好像开始转换了赛道。回头看来，一切都是如此顺其自然、顺理成章。

多元化的背景和经历，助我在离开金融行业之后进入哈佛大学继续深造，继续我对教育的热爱，向着我心目中的理想教育前行。我想，在波士顿，在哈佛校园的日子，应是我"青春"这本书里最大的彩蛋吧。记得小时候，父亲给我买过有关哈佛大学的书籍，那时的"哈佛女孩"家喻户晓，同时也让父亲赞不绝口。可能那时候我的小脑袋瓜里对这所大学唯一的认知就是，这是一所会让父亲开心的大学。经历了中考、高考这些年，也慢慢意识到，哈佛，它是个遥不可及的大学，连梦里都不敢让它出现。在美国生活、读书7年后，当我在一次次失败跌倒，爬起又尝试后，它竟然为我敞开了大门。

在哈佛大学的日子，可能是我学习最认真的时光了。因为我选择的是自己真心热爱的教育领域，也因为在职场磨炼了几年后，我更清楚自己想要获得的知识是什么。不再像是一个迷惘的大学生，还不清晰自己是谁，就被迫塞了很多五花八门的课程，更不知道在未来该如何去运用。重回校园读书的我，偶尔会坐在哈佛广场发呆，思考什么是好的教育，如何不为读书而读书，不再为了找赚钱、体面的工作而苦恼，只做自己热爱的、有意义的事。

哈佛毕业

毕业后的我，拒绝去往高薪的"大厂"工作，选择独自冲向了一个压根没去过的城市打天地，负责为一家哈佛和耶鲁联创的犹太人的跨国教育公司开拓美国西海岸市场。如果说，我的人生有一个固定模式，那就是每当面前有两条路时，我总是选择更难、更具挑战性的那条。在加州的日子，如它的阳光一样，明媚清爽。每一场讲座宣讲，每一次与家长学生的会面，都让我更坚信教育的魅力。是学生获取的成果，是家长肯定的声音，一点点滋养着我，鼓励我去实现更大的愿景。

在美国的第十年，也是疫情的第二年，"青春"这本书好像是要在结尾处再留下一个悬念和展望……是的，我又一次选择了一条与众不同的路。2021年，我决定暂别生活了10年的美国，回到国内，希望自己热衷的教育事业可以在生养自己的国土上散开枝叶。回到国内后，我选择了深圳，在这样一个非常自由、有规则又开放

回国到深圳创业

的城市落了脚。虽是回到了国内,但在这个城市并没有太多的亲朋好友,我算是又一次开启了独自闯荡的新征途。不知道30岁后的新征途,是否还可以算在"青春"这本书里。或许我并不需要执着地给它一个结局,这样,就永远有续章。在接下来的续章里,我希望有更多的人在未来知道我们的团队,知道我们在做的事和愿景。我希望我们可以为更多的家庭、家长、学生以及年轻的职场人助力。在成长这条路上,我希望我们能成为他们的聆听者和陪伴者,为每一次奋斗呐喊,为每一次跌倒加油鼓气,为每一次成就欢喜。教育这件事,是要做一辈子的。这是一个未完待续的篇章,我期待它会被书写成什么模样。

有关我"青春"这本书,就暂时分享到此吧。谨以此文献给河大,时常感恩因为曾属河大,因为校友这个身份,不管是纽约、波士顿、芝加哥,还是加州,无论生活在哪儿,都能与一群优秀的河大校友相遇相知。也希望未来的自己,可以成为母校,她的骄傲。

张力凡

河南大学新闻传播学院新闻系2009级学子,凯利商学院金融学学士、信息系统硕士,哈佛大学硕士。

河南大学美国校友会至善综合研究院副院长。深圳米立共创教育创始人。

我在历史系的日子

刘一林

我与河南大学的关系,渊源久远,起源于1953年;我与河南大学的感情,十分深厚,持续了近70年。我现已进入古稀之年,乘着河南大学建校110周年之际,将我与河南大学长期的密切关系,向校友们做一描述,千言万语就从高考写起吧。

1977年国庆节前,我们新婚夫妇二人到北京旅行结婚,前去解放军总医院拜访我父亲的老同学,他是耳鼻喉科主任,属于副军级。当时毛主席纪念堂刚刚开放,仅准许副省、军级以上干部进去瞻仰,他发了两张入场券,作为礼物送给我们,使我俩得以瞻仰毛主席的遗容。就在北京度假期间,我父亲得知恢复高考的消息,写信让我赶快回来准备。

我当时正在开封市煤建公司当司机,那可是年轻人垂涎欲滴的工作,故周边朋友都劝我不要报考,毕业了当个老师还没有司机挣钱多,但我不想丢失这次机会,上大学是我的人生追求。进入考场,首试语文,作文题目是《我的心飞向毛主席纪念堂》,岂非天助我也?我岂止心飞向,而是亲眼瞻仰,于是洋洋洒洒三大张,自感旗开得胜。我父亲是河南省高考语文评卷组组长,我的作文得到最高分,拿到领导组审议,他并不知道是我的,最后给予全省最高分——93分。评分后打开卷首,看见我的名字,父亲喜不自禁,但不敢对别人说。就凭此作文,我考进了开封师范学院历史系,成为1977级的一员。

如愿就学

我们年级共招收114名学生。当年河南省规定,超过26岁的考生仅录取9%,体检分数线为276分;而26岁以下的体检分数线仅为176分。后来扩大招生,适当放宽,我们年级录取了十几个年纪超过26岁的考生。一个年级分为两个大班,共十个小组,包括四个女生组、六个男生组。其中一班五组全是年纪大的,被称为"元老院",尽管我也属于"元老"级,却把我分到了二班四组。入学不久,我就和李振宏及其他同学,包括王广兴和龚绍方,共同组建了史学讨论组,不仅讨论所学的知识,还建立墙报,发表一些小论文,同时回答同学们提出的问题。

与校友孟宪明(右)在苏州工业园区

随着学习的深入,我们又分成中国史和世界史两个小组,李振宏任中国史组长,我任世界史组长,一直持续到毕业。我们史学组一共在国家级历史刊物上发表了三篇论文。我曾在学术讨论会上提交过一篇题为《闭关自守政策是中国沦为半殖民地半封建社会的重要原因》的论文,结果受到全系的批判,说我"为帝国主义侵略中国开脱罪责"。后来邓小平提出"落后就要挨打",算为我平反了。可能是我和李振宏一直担任史学讨论组组长的缘故,毕业后我俩都被留在了历史系任助教,我被分到世界现代史教研室,李振宏被分到中国古代史教研室,另外还有杨慧清被分到中国现代史教研室。随后,王广兴和龚绍方也被留系,分到世界古代史教研室;关学增则留系任团总支书记;李申申被分到教育系;薛庆超被分到马列主义教研室;戴晓惠被分到校党委组织部。不久,郭常英调进《史学月刊》编辑部,程民生和李玉洁头戴博士帽回到历史系,马平调进教育系,刘小敏调进河南大学出版社。

到此,我们1977级在校14个同学都有了着落。后来,冯迺郁和路振光也并到河大,不过,那时我和王广兴、马平已去了美国,龚绍方去了郑州大学,杨慧清去了洛阳师范学院,薛庆超去了中共中央党史研究室,目前在河大的还有10个,应该都退休了吧。

英语培训

我刚留校,学校就为了培养一批具有出国英语能力的青年教师,准备举办助教高级英语培训班,学员须经考试录取。我曾在学生时期获非英语专业英语竞赛第一名,自忖应无问题,后果然以第一名被录取,并被负责人——师资科科长康永彪老师任命为班长(我们这一期被称为"黄埔一期")。我们全班共18个学员,其中历史系的老师就有4个,即张德宗、阎照祥、杨慧清和我,是各系参加人数最多的;外系还有王发增、李小建(后都成为校领导)等。经校长会议研究,决定拨出一笔款项为英语培训班每个学员购置一部高级收录机(能收听美国之音,其中有《英语九百句》)。

但当时物资供应紧张,公家购买稍微贵重一点的商品,都需经市"社会集团购买力控制办公室"(简称"社控办")批准,否则商店不准卖,即使想法买了也不能报销。康老师知道我上学前在第一商业系统工作,猜想可能会有关系,就把购买收录机的任务交给了我。事有凑巧,我妹妹的老公公,刚被任命为开封市经济委员会主任,财政局归他管,"社控办"归财政局管。我得知这一消息后就想去找我父母的亲家公,但被告知他正在位于水稻公社(距市区十几公里)的市委党校学习。为了早日拿到收录机,我不顾天降微雨,骑车两个小时,找到党校。见到亲家,我把来意一说,他问我需要几部。来之前,康老师说至少需要21部,18个学员加3个老师。批一次不容易,能多要几部,留给康老师机动,不是更好?于是就张口要25部,亲家不假思索,边写条子边说,能培养出国人才,应该大力支持。

第二天,我就拿着条子去"社控办",见到主任,他拿着条子反复查看。过了一会儿质问我,怎么认识经委主任的,我答曰公事公办嘛,他又问怎么需要那么多,我回答多培养些出国人才。该主任不情愿地批了文件,同意我校购买25部收录机,这在当时可是不小的数目。拿到批文,马上就去"五交化"公司选购收录机。"五交化"公司也属一商系统,我和那里的一帮骨干曾经常在一起比赛篮球、乒乓球,相当熟悉。他们积极为我搜寻物美价廉的机种,找到一款,但仓库缺货,马上电话省公司,他们答应第二天送到。有了收录机,我们就可以正式开班了。每天上下学,我们提着高级收录机招摇过市,让其他同事羡慕不已。

转眼一年过去了,英语培训班刚结业,系主任黄元起教授就分配我准备为三、四年级的学生开设历史专业英语课。历史系从未开过此课程,就在全校也是首创。我提出到南京大学和复旦大学历史系进修,观摩他们的专业英语教学,收集他们的教材和辅导资料,学校予以批准,这在当时是很难得的机会。

进修一学期,回校后听说学校要在两期英语培训班的学员中再选拔10名进行口语培训。此时的师资科科长已经换人,新的科长来自物理系,他一下选了5个物理系的教师,我们历史系没有一个。我跑去质问他为何没有选我系的教师,他竟然回答说我们出不了国。我们历史系刚被国家评为河南大学唯一的重点系,并拨款50万元作为建设经费,难道就没人能出国留学吗?他无言以对,只好把"球"推给负责这个班的吴雪莉教授。我去找吴教授,她说并无限制,我便提出可否招收我和席来旺,获得同意,我们俩又得以参加一个学期的口语培训。

初上讲台

英语培训告一段落,我该潜心准备专业英语课了。首先要编写教材,虽说我收集的有,但不少已过时,需要补充一些新的。整理好教材后,交给印刷厂打印,这就麻烦啦。印刷厂的打字员不懂英语,打印的教材错误百出,我只好一页一页地反复校对,用了整整一个学期。

然后我要准备教案,除了课文之外,还须考虑到要考研的学生们,需提供大量练习题。因为我在英语培训班时做过"托福"类的作业,并且预见未来的研究生招生英语考试会出"托福"类的试题,于是便收集了很多"托福"练习题。还交给印刷厂打印吗?既费时又费钱,我就向系里打报告,请求购买一台英文打字机,我自己打字,仅让印刷厂印刷。

系里很快就批准了,我又找亲家写条子,买回一台英文打字机。我过去拉过手风琴,左右手都比较灵活,学用英文打字机就方便得多,这样既准确又省时。教材教案齐备,开始给1981级的学生上专业英语课了,这是门选修课,不过选上我课的学生不少。

我一上堂就像复旦大学一样,用英语授课,第二次上课,学生少了一半,问其原因,原来唯恐听不懂,今后成绩不及格。这使我意识到我们学生的英语水平不及复旦大学一类的名校学生,他们可用英语教学,我们则不然。于是,我便改变成主要用中文讲解英文课文,用中英文对照教授语法,每堂课都给学生留些时间做练习题,让学生翻译、语法、试题齐头并进,为他们今后报考研究生的英语考试打下良好基础。

此外,我还选了一些课文的录音带,例如林肯总统的《葛底斯堡演说》、马丁·路德·金的《我有一个梦想》等,让同学们听,提高他们的听力水平。我用如此方法教了1981级学生两年,选修此课的20名同学,一毕业就有12名考上了研究生,须知在此前1977、1978、1979、1980级学生每届只考上两名。为此,省教委让我写份经验介绍,我认为并没有什么经验,只不过预知英语考试会以"托福"形式出题,事先让学生熟悉此类考题而已,待我再教几届,确实积累些经验后再与同僚们分享不迟。

就在教1981级的第二年,我又接着教1982级专业英语,有前车之鉴,少走了许多弯路,他们这一届又有12名学生考上了研究生。在教1981、1982级专业英语的同时,我又开始为1982级学生讲授世界现代史,课时量之大,作业量之重,超越一般教师,从而与1982级的学生结下深厚友谊。

涉足科研

在老师们的指导下,我也开始进入科研领域。1983年,万松玉老师找我,想带我与她共同写一篇关于美国妇女运动的论文,我当然求之不得。万老师给我几本英文版的有关美国妇女运动的书籍,让我先翻译出来一些素材,她根据素材列出提纲,由我书写成文,她再进行修改,最终完成后命题为《美国女权运动初探》,送到《河南大学学报》发表,同时提交给中国美国史研究会,被会长赞扬称"填补了我国美国史研究的空白"。

与此同时,我自己写了一篇文章,谈义和团提出的"扶清灭洋"与日本明治维新提出的"尊王攘夷"之间的异同,不同意以往肯定义和团运动是爱国主义的结论,由《史学月刊》发表了,很快就由《光明日报》转载,我对义和团的评价在国内开了否定的先河。

1985年，万老师接获河南省委组织部的通知，请历史教师撰写论文，参与青年干部理论研讨会。万老师又想帮我，便让我与她共同商讨论文题目。我刚看过几本系里买来的有关苏联的历史书籍，解密了一批斯大林时期的档案，于是建议写关于斯大林培养青年干部的失误，得到万老师的赞同。我在万老师的指导下列出提纲，由万老师把关选材，最后题目定为《斯大林在选拔干部中的几点失误》。没想到此文不仅被选中，还被评为唯一的特等奖。

谁去参会？省委组织部召开的会议，当然应该由党员参加，万老师是党员，而我还在争取入党。万老师请示组织部，回复非党员也可与会，万老师劝我参加，说文章由我执笔，发言时更有说服力。恭敬不如从命，我硬着头皮去到郑州。谁知论文一经发放，就引起与会者的兴趣，小组讨论时大家规定发言15分钟，给我1个小时；大会发言仍是每人15分钟，给我半个小时。讲了半个小时，还没讲完，台上摇铃叫停，台下齐呼接着讲，我又占用了15分钟，鞠躬下台。参加此会，影响不小，多地、市的组织部欲请我去他们那里做报告，我有自知之明，岂敢应允？

回到系里，已声名鹊起，系学生会主席请我给同学们做个学术报告。小小助教，哪能做学术报告？叫做学术汇报还差不多。我刚看过新到的有关美蒋关系的英文版书籍，就讲"美蒋关系六十年"吧。

一周准备时间，写出约两三万字的讲稿。在汇报中，我历数美国是如何与蒋介石建立联系、发展关系、共同抗日、支持内战、保护台湾、抛弃台湾，如何由亲到疏、由疏到烦、由烦到恨、由恨到离的过程。讲到新中国成立前后的美蒋关系，我看到美国国务院刚解密的材料，一反过去指责美国全力支持蒋介石的论调，提出美国大使馆滞留南京，观望共产党解放大半个中国，直到新中国成立。滔滔不绝讲了3个小时，仍未讲完，熄灯了，我征求学生意见，学生请求我坚持摸黑讲完。

这次学术汇报引起学生们的巨大反响，校学生会主席又来找我，让我给全校学生做个学术报告，题目由我自定。我刚给1982级学生上完世界现代史的课，其中希特勒是重点人物，就讲"希特勒其人"吧，希望通过这个报告，同学们可以深入了解德国"纳粹"的法西斯本质、希特勒《我的奋斗》的军国主义思想。这次选在大礼堂，密密麻麻坐满了学生和老师。我独自一人站在台上，没看一眼讲稿，没喝一口热水，口若悬河地讲了将近4个小时，台下听众屏声不语，没有一人离场，足见内容吸引了大家。讲完之后，掌声如雷，不少学生涌到台前，让我签名留存，还有学生要求我继续讲下去，就好像现今易中天的《百家讲坛》。

1986年，在河南人民出版社负责编辑工作的同学找我约稿，打算出一套200位历史名人传记，中国史和世界史各100位。我请示林加坤主任，他积极支持，安排中国史和世界史的教师各一人负责。我们世界现代史分到40位，我负责撰写科马内奇、布莱恩等7人。其中有的人可以找到传记，没有传记的我就查阅《大英百科全书》。开始我系提交10篇给出版社，编辑专门跑到学校来，找到林主任，说作者们没有搞清楚她的意图，只有我的两篇符合要求，希望把我写的让大家传阅，并让我当最后审稿人。林主任采纳了她的建议，让我负责整个书籍的审稿。我正准备出国，再加上对别的历史不熟悉，只答应负责世界现代史人物编写的审稿。其他老师在参考我的文章后，陆续完成任务交到了出版社，并得到肯定。就在我出国前夕，该书出版了，算是为我送行吧。

工会活动

文体活动中，历史系教师历来都是全校的积极分子，我们这一代继承了优良传统：女子乒乓球荣获冠军，女子排球荣获亚军，男子乒乓球荣获季军,男子排球荣获亚军,男子篮球进入前四名。我是女子乒乓球、排球队的教练,男子乒乓球、排球、篮球队的队长。文艺演出经常获得一等奖,并以系为单位在全校举办文艺晚会,我曾出演过相声。我们篮球、排球的劲旅都是艺术系,记得篮球有一次争夺前四名的比赛,我们的对手恰是艺术系。按实力,我们略输一筹,为了鼓舞士气,我在场上大喊大叫,指挥跑位。我看到对方的远投不准,就喊叫着缩小防守范围。此战术果然奏效,对方远投不中,近投不进,失去了方寸,最终败下阵来。

有次排球半决赛,遇上对头艺术系。比赛开始,我们一直落后,大家情绪有点儿低落。这时我鼓动队友们建立必胜的信心,每赢一个球我都大叫"好球,继续!",场外的同伙们也跟着我叫"好球,继续!"。在喊叫声中,队友们士气高涨,越打越顺手,战果是3:2,我们险胜,可见喊叫在比赛中还是有些鼓舞士气的作用的。但后来我们党支部的党员找我谈话,说我要求入党,首先要有"共产党员的修养",不应该在球场上乱喊乱叫。

我来自开封市的商业系统,当时流行最好的职业是"听诊器、方向盘、商店里的售货员"。我是商业系统的司机,一人占两项,在商业系统朋友多,就利用这些关系,为系里的老师购买猪肉、水果、酱菜等紧俏商品。大秤进,小秤出,肯定赔,我把赔的钱垫上,受到老师们的好评,被选为工会副主席。

刚当上工会副主席,我就和主席商量,能否拨出一些钱作为奖品,分参与奖和名次奖,在系里举办一次运动会。征得系里同意后,我亲自操持,开展象棋、军棋、跳棋、康乐球、乒乓球、羽毛球、田径等项目的比赛,每人准报三项,各项取前三名,除了70岁以上的老教师之外,其余的教师几乎都报满了三项。为了鼓励70岁以上的老教师也参加活动,我专门设立了400米散步,年迈的老师都报名参加,来到久违的学校,闲庭信步地绕田径场走一圈。由于教师们的踊跃报名、积极参与,该运动会持续了1个月。之前老师们每周四下午才来系里进行政治学习,运动会期间则每天都来,活跃了气氛,增进了友情,锻炼了身体。

参与决策

1984年,我们历史系被国家教委确定为国家重点学科,是河南大学唯一的一个系,为此国家拨款50万元作为学科建设经费,这在当时可是个不小的数目,相当于现在的几个亿。如何使用这笔资金,系里召开讨论会,我有幸与教研室主任和教授们一起参加。

讨论中大家一致赞同建立文物陈列馆,预算20万元。对于剩下的30万元如何使用,则争论不已。多数老师主张购买《四库全书》。我认为电脑已开始使用了,今后用电脑就可以查询所有资讯,不如建立一个电脑室,用来存储资料和查阅信息;并且我已经协助一位电脑工程师调入我系,但没电脑,只好暂时在办公室工作。当我讲到电脑今后的发展前景时,有些老教师感叹道:"你是在说天书吧。"最后把我这项提议否决了,该工程师也调到地理系电脑室了。

我又提议在文物馆开辟一块地方作为电化教室,请精通此道的技工过来管理,平时为学生放映一些历史题材的电视节目。此议得到老师们的赞同,但去哪里请来技工呢?我有一个朋友,在物理系办公室,他整天摆弄电器,可是在办公室无所事事,人才都浪费了。我和他商议,可否调入历史系,管理电教室。得到他的同意后,我又去找物理系主任马相文教授,请求他准许此人调到我系,获得批准。虽说我关于建电脑室的提议被否决了,但会议同意在电教室安装一台电脑。我到美国后看到台湾《中央日报》报道刘坤太教授用电脑存储宋代文献的事迹,引为自豪。

1986年,1982级学生面临毕业分配,系里成立5人分配小组,把我这个面临出国的不名一文者作为教师代表也纳入其中。与毕业生的见面会上，领导们讲完，我也得说几句，就说：一、请同学们相信我会起到监督作用；二、请同学们服从分配；三、不要以分配定终生，毕业后还可以有更高的追求。我以我的出国留学实例向同学们解释更高的追求，获得热烈的掌声。讨论分配原则时，我提出毕业分配方案一定要透明，不能搞暗箱操作，大家制定好原则，就必须执行，我的意见获得一致赞同。

该拟定毕业分配去向了，领导组全部推荐由我起草名单，我只好唯命是从。因为我教过1982级学生两年，对学生的情况比较了解，再加上有分配原则，更主要的是我没有任何后顾之忧，一夜就拟出方案，第二日就获得通过。去向学校汇报时，领导组还是让我去，我也毫不推辞，因为我最熟悉情况。一般汇报都安排一系一天，轮到我系，我先讲了制定的分配原则，然后解释几个重点案例。校领导问内部有无不同意见，回答没有，汇报结束，仅用了1个小时。

事后校领导让我介绍经验，说值得各系学习。毕业典礼后会餐，同学们争相给我敬酒，这时他们才知道整个毕业分配名单是由我一人确定的，不过他们事先都估计到了自己的去向，因为分配原则早已向同学们公布了。这使我更加明白：任何事情，只要坚持透明，不搞暗箱操作，都会顺利进行。

申请留学

1985年夏，美国堪萨斯州议会代表团来我校访问，我系的文物馆是参观点之一。代表团到我系后，由系主任朱绍侯教授负责讲解，我充当翻译。参观结束后，有一位身材高大、面目慈善的男士走到我跟前，一边递给我名片，一边自我介绍，叫威尔逊，是堪萨斯州立大学匹兹堡分校的校长，听到我的英语介绍，夸我是"很棒的历史教授"。我回答说对去他们学校留学很感兴趣,他让我根据名片上的地址给他写信联系,然后匆匆赶上团队去图书馆了。因有外事纪律,我无法与他进一步交谈。随后我立即按照名片上的地址寄给他一信,但对能否收到回信不抱太大希望。

大约两个多月后,我收到了威尔逊校长寄来的回信和介绍他们学校的画册,夹带着申请表。我填好申请表,附上一封信,说明如果没有奖学金,到美国留学只能是雾里看花。几个月之后,校长又回我一信,说他们学校负责教务的副校长吉尔伯特博士将要来我校访问,他托吉尔伯特副校长带来奖学金申请表。不几天,我接到吉尔伯特博士写给我的信,告诉我他来我校的具体时间,希望到时能与我见面。我拿着他的信,找到时任河大校长李润田教授,请求学校准许我设家宴接待吉尔伯特博士。当时规定,国人家庭不允许接待外国人,为了能打开自费留学的通道,学校专门召开校长会议,首开先例,特批我可以在家款待副校长。

吉尔伯特博士携夫人到我家做客,待了几乎一上午,他告诉我,如欲得到奖学金,必须考"托福",并且成绩要达到550分。这不啻泼我一头冷水,到哪儿去考?河南没有考点,即便有也没有报名需要的26美元,也没处去兑换美元。正在我作难之际,我们英语班的同学告诉我,师资科科长手里握有5张报考"托福"的美元支票,再没人能报上名的话就作废了。我说他明知我只差"托福"成绩了,为什么不给我一张支票?同学说科长认为我出不去,考了也白搭。我恼羞成怒,找到科长理论,他自知理亏,但同时给我提了个条件,即我必须拿到5张报名表,这几乎是不可能的事,但也要努力追求。

河南归武汉考点,可是那里人满为患,河南考生根本挤不进去,更别说要5张报名表了。我忽然想到西安,西北地区名牌大学少,"托福"考生或许比武汉少。我到外语系找系总支书记叶宝玉老师打听谁毕业于西安外国语学院,谁知他就毕业于西安外国语学院。我把来意一说,他立即为我写了介绍信,我拿到信连夜赶往西安外国语学院。到报名处递上介绍信,我才知道负责报名的王老师和叶书记恰巧是同班同学。既然如此,我就张嘴问能否给5张报名表,王老师自然应允,毫无悬念。

我兴致勃勃地回到学校,把5张报名表放在师资科科长面前,他感叹道:"都说你能,不知道你怎能!"我们培训班的5位同学一起到西安外国语学院应考,下来都感觉不错,过了两个月,成绩单寄来,我考了556分,如果再错三道题,这次就白考了。去考试时,我给王老师带去一些开封特产,与她建立了密切关系,从此,我打开了我校出国留学需要的"托福"考点,后续的赴美留学者,皆是在西安外国语学院通过的"托福"考试。

不久,我接到了威尔逊校长的来信,他祝贺我"托福"过关,并告知我他校的中国事务助理陈赞祥博士将携带我的奖学金批准书来我校访问。在热情接待陈博士夫妇到家访问时,我拿到了奖学金批准书。过后我带着批准书,以及录取通知书和Ⅰ-20表,到北京大使馆顺利拿到签证,该准备行装飞赴美国了。

赴美前校领导集体送行(右二为刘一林)

就在我准备赴美期间,外语系一位名叫达德利的美国外教,是怀俄明州一所大学的历史教授,对我系的文物馆极感兴趣,常去参观。但是他提的问题管理员听不懂,只好在他去时让我去翻译。我俩交谈中,他询问能否在两系间建立互换学者关系。我感觉这是我们系更多教师走出国门的好机会,便马上汇报给系主任林加坤教授,他予以积极回应,并嘱我先与达德利草拟一份协议。我起草中英文本,请林主任和达德利修改,最后定稿,达德利传回学校经校长签字,正式生效。根据协议,1988年夏,阎照祥教授作为第一批交换学者到达美国,随后安庆征、杜保平、杨长法等老师,也先后交换来美。我早于他们,1987年初以自费留学身份来到美国,结束了我在河南大学历史系学习和工作的生涯。

刘一林

河南大学历史系1981届校友,毕业后留系任教,1987年到美国堪萨斯州立大学匹兹堡分校攻读美国史硕士学位,1988年到纽约州立大学奥尔巴尼分校攻读高等教育管理学博士学位,1992年到宾夕法尼亚州立大学攻读信息科学硕士学位。

跋

2022年2月，初春，旧历新年刚过，旧友贾新峰与我联络。

彼时，第五届河大美国校友会尚在酝酿，他尚未担当会长一职。

贾新峰是我在河大中文系的同门师兄，但是我俩的结识并非在母校校园，甚至也不是在祖国广袤的神州大地，而是同在异乡为异客的美国。他偶然在中文版的《世界日报》看到了我发表的一篇豆腐块文章，心生感慨有所共鸣，遂即搜索到的"河南大学"字样拉近了我和他之间的距离。其实我和他的距离遥不可及，至今亦然。他是同门学长中的佼佼者：中文学士，法律硕士，管理博士，儒学、法学、商学融会贯通，早已是功成名就。而我不过是一个略有微名的写作者。

当时贾新峰师兄的事业在加州，因着地域的便利我俩有了几次谋面，同时也都热心为着当时的校友会义务做事。他对于文学以及社会各个学科的真知灼见，他为人处世的温和与低调，给我留下了谦谦君子的印记。不久，他离开加州去往纽约创立自己所心仪的文化事业，一别惊觉已近10年。10年时光，岁月可使物是人非，但我俩却执着地相信对方都没有变。

这种信任源自对于文学的执念，也源自对于文学热爱之人的执念。当贾新峰师兄说服我继续为校友会做宣传工作，并极力推荐我当他的副手的时候，我则犹豫不决，惧怕自己能力、声望有限，难以担当重任；但当憧憬规划校友会发展的时候，两人迸发出的倡议征文并立书的想法,瞬间打动了我。中文系出身之人都有着根深蒂固的文学梦,即使如今文字已经从"旧时王谢堂前燕,飞入寻常百姓家",但出书在我俩心目中依然是"翩若惊鸿,婉若游龙"洛神一般的存在。

实话实说,我接下校友会副会长的头衔,小半是为了贾新峰师兄的知遇之恩,大半是为了这本书。如果身为副会长,会更名正言顺地着手倡议和编撰发行吧?

其实无论是作为副会长,还是作为文集的主编,我最主要的工作就是催稿,不厌其烦地催校友们书写,不厌其烦地催校友们修改。我知道,对于许多校友来说,一篇文和一本书仅仅是锦上添花,甚至连花都算不上,许多校友的人生早已是花团锦簇。我只是希望身在美国的校友们能够保存下来这一段弥足珍贵的历史,希望故乡、母校能够感受游子的赤子情怀,希望我们能够为明天记录今天和昨天。

身为主编,我所做的工作其实只是其中的一部分,校友会理事会同人一直在我身后默默无私奉献,做了大量烦琐的协调工作,从征文到出书,自始至终,一直如此。贾新峰会长是扶持者,任何难题和疑问,有他在,总能迎刃而解,堪称我在编辑文集之时的精神支柱。翟莹总顾问在征文如火如荼进行之时,就先行联络王立群老师,并得到了大师亲笔书写的序言,给文集的出版助力。孙国平秘书长积极利用人脉联络母校领导与出版社,为文集得以出版做出了大量的不可替代的沟通与协调工作。还有等等,无法一一提及。所以,我不是一个人在努力,这些与我并肩奋斗的校友,因为种种原因和限制,未能在书的扉页上留下名字,只是被我铭记在心,且理应被所有校友铭记。

虽然我和理事会中的许多同人现实中素未谋面,虽然我和书写征文的校友并非全部熟识,但是我们在文字中神交,我从中了解他们的生平、经历和内心的真实感受,可谓是不见其人已成知己。

征文和这本书让我充满感恩之情。

感谢校友们的踊跃参与,没有你们的文字,这本书只是空白,只是一本苍白的无字书。

感谢母校卢克平书记的支持和厚爱,他在百忙之中一直关注着文集的出版,促成了这本书的最终问世。

感谢母校校友总会的助力,在公众号"铁塔风铃"推介征文作品,使得部分作品在未成书之前已被读者先睹为快。

感谢河大出版社于华龙社长、总编室谌洪波主任,帮助海外校友出版发行文集。感谢责编马博、时二凤,美编李晓辉等,他们的敬业与专业,使得这本书达到了我们所想要达到的最佳水准。没有他们,这些文字只是分散在网络天空上的一片片云。

感谢文化学者王立群老师的执笔,他的序言让这本书变得不再那么平凡,满溢着国学文化的内涵而熠熠生辉。

感谢范毓周的封页题词和王庆祥(大泽人)的题图,他们无私地泼墨挥毫让这本书厚重而多彩。

感谢贾新峰,他让我学会了严于律己和宽以待人。

感谢翟莹,她让我领会到做事一丝不苟的认真和坚守。

感谢孙国平,他让我知道持有一颗乐观童趣之心对于平淡生活至关重要。

感谢我的先生和家人,他们或承担了本应我做的家务,或力争做到不打扰,支持我心无旁骛地编辑文章。

…………

如果感谢是一树繁花,我只不过扫落了一地的散乱落英。而作为读者的你,已经看到了这棵树,和树上的花,你的首肯才是最终的果。

孙　彤

2022 年 8 月于美国南加红地